Wszechświat Umysłu

FEVZI H.

WSZECHŚWIAT UMYSŁU

Czy nasza Świadomość Istnieje w Równoległych Wszechświatach?

2025

Wszechświat Umysłu

Fevzi H.

ZAWARTOŚĆ

O autorze

Jestem Fevzi H. , myśliciel i autor z głęboką wiedzą w dziedzinie nauki i filozofii, eksplorujący koncepcje multidyscyplinarne. Kwestionując granice między światem fizycznym i metafizycznym, odbywam intelektualną podróż, aby zrozumieć uniwersalną naturę świadomości. Przez lata badałem takie tematy, jak świadomość, mechanika kwantowa, wszechświaty równoległe i sztuczna inteligencja, łącząc teorie naukowe z podejściami filozoficznymi, aby zagłębić się w złożoność ludzkiego umysłu.

W moich pismach przedstawiam radykalne idee dotyczące natury świadomości i jej związku ze wszechświatem. Badając nie tylko dane naukowe , ale także intelektualne dziedzictwo ludzkości, chcę zaoferować moim czytelnikom nowe perspektywy. Mój styl pisania opiera się na upraszczaniu złożonych teorii i używaniu języka, który zachęca do głębokiego myślenia.

Każda z moich prac zaprasza czytelników do podjęcia kolejnego kroku w kierunku odkrycia tajemnic wszechświata i świadomości. Łącząc nowoczesną myśl naukową z dociekaniami filozoficznymi, oferuję innowacyjne i prowokujące do myślenia perspektywy na temat natury świadomości i jej uniwersalnych powiązań.

Przedmowa

Natura świadomości i jej miejsce we wszechświecie były przedmiotem filozoficznych debat i naukowych dociekań przez stulecia. Od rozważań starożytnych mędrców po wyrafinowane teorie fizyki współczesnej, ludzkość nieustannie dążyła do zrozumienia istoty myśli, percepcji i samoświadomości. Czy świadomość jest jedynie wyłaniającą się właściwością mózgu, ograniczoną do biologicznych procesów ludzkiego umysłu? Czy też jest czymś o wiele bardziej fundamentalnym — kosmiczną siłą splecioną z samą tkanką rzeczywistości?

Ta książka wyrusza w podróż przez skrzyżowanie nauki, filozofii i spekulatywnej myśli, badając zagadkową relację między świadomością a wszechświatem. Dzięki postępom w mechanice kwantowej, neuronauce i kosmologii granice między percepcją a obiektywną rzeczywistością stają się coraz bardziej niewyraźne. Koncepcje niegdyś relegowane do metafizyki — takie jak wszechświaty równoległe, zasada holograficzna i zbiorowa nieświadomość — są teraz badane przez pryzmat naukowego rygoru.

Zagłębiając się w teorie świadomości kwantowej, możliwość alternatywnych jaźni w równoległych wymiarach i potencjał uniwersalnego umysłu leżącego u podstaw samego istnienia, ta książka kwestionuje konwencjonalne poglądy i oferuje fascynującą eksplorację tego, co oznacza bycie świadomym. Czy nasze myśli mogą kształtować rzeczywistość? Czy wszechświat jest rozległym, samoświadomym bytem? A jeśli świadomość wykracza poza czas i przestrzeń, czy sugeruje to formę nieśmiertelności wykraczającą poza ograniczenia świata fizycznego?

W każdym rozdziale czytelnik jest zapraszany do kwestionowania samych podstaw swojej percepcji i rozważania możliwości, że świadomość nie jest jedynie produktem ubocznym mózgu, ale fundamentalnym aspektem samej egzystencji. Niezależnie od tego, czy patrzymy na nią przez pryzmat fizyki kwantowej, czy mądrości starożytnych tradycji, jedno staje się jasne: zrozumienie świadomości nie jest tylko przedsięwzięciem naukowym, ale podróżą w najgłębsze tajemnice rzeczywistości.

ROZDZIAŁ 1

Miejsce Świadomości w Skali Kosmicznej

1.1 Świadomość i Wszechświat: Czy są oddzielne, czy stanowią jedność?

Świadomość, ta niewyrażalna kwestia ludzkiej przyjemności, od dawna jest tematem intryg, rozważań i naukowych dociekań. Czym jest uwaga i w jaki sposób odnosi się do sporej przestrzeni wszechświata wokół nas? Pytanie, czy świadomość jest odrębnym bytem od wszechświata, czy też jest z nim wewnętrznie powiązana, ma zarówno charakter filozoficzny, jak i medyczny.

Na pierwszy rzut oka wydaje się, że świadomość i wszechświat są zasadniczo oddzielne. Świadomość, tak jak ją rozumiemy, żyje wewnątrz istot charakteru, zazwyczaj ludzi, i jest regularnie postrzegana jako wewnętrzna, subiektywna przyjemność. Wszechświat, z drugiej strony, działa na zewnętrznej, docelowej skali, rządzonej za pomocą praw fizycznych, wzrostu przestrzeni i ewolucji zależności. Nasze umysły wydają się patrzeć na wszechświat z dystansu, przetwarzając statystyki dostarczane za pomocą naszych zmysłów i konstruując model prawdy. Pogląd ten ma swoje korzenie w materializmie, który utrzymuje, że świadomość powstaje z interakcji neuronów i skomplikowanej społeczności połączeń mózgu.

Jednak głębsze filozoficzne badanie natury rzeczywistości pozwala spojrzeć na nią z wyjątkowej perspektywy: co jeśli uwaga i wszechświat nie są w żaden sposób oddzielone, lecz raczej są wyrazami równej, leżącej u podstaw prawdy? Ten pogląd jest zgodny z panpsychizmem, koncepcją filozoficzną, która zakłada, że uwaga jest istotną i wszechobecną kwestią wszechświata. Zgodnie z panpsychizmem, poznanie nie zawsze ogranicza się do ludzi lub zwierząt, jednak istnieje w różnych zakresach wewnątrz całej materii — niezależnie od tego, czy jest to skała, gwiazda czy galaktyka. Oznacza to, że skupienie nie zawsze jest czymś, co „mamy", ale czymś, czym „jesteśmy".

Z tej perspektywy wszechświat sam w sobie jest prawdopodobnie świadomy, lub przynajmniej świadomy, w pewien sposób. Gwiazdy, które płoną na niebie, planety, które je krążą, i sama tkanina przestrzeni-czasu mogą być postrzegane jako wyrazy uniwersalnej świadomości, która przenika całość . Tak jak neurony człowieka lub kobiety działają zbiorowo, aby utworzyć złożoną świadomość osoby, być może wszechświat działa w podobny sposób, przy czym każda cząstka liczby przyczynia się do zbiorowej kosmicznej świadomości.

Przy badaniu tej koncepcji, bardzo pomocne jest nie zapominanie o historycznej wiedzy wschodnich filozofii, głównie tych, które można znaleźć w hinduizmie, buddyzmie i taoizmie. Tradycje te często podkreślają wzajemne powiązania wszystkich rzeczy oraz jedność wszechświata i poznania. Idea

„Atmana" w hinduizmie, jako przykład, wskazuje, że dusza mężczyzny lub kobiety nie zawsze jest oderwana od konwencjonalnej duszy, „Brahmana". W buddyzmie koncepcja „współbycia" oznacza, że wszystkie rzeczy są ze sobą powiązane, a granice, które postrzegamy między sobą a wszechświatem, są iluzoryczne. Te filozoficzne myśli odzwierciedlają umysł współczesnych fizyków i kosmologów, w tym Davida Bohma, który zaproponował, że wszechświat jest niepodzielną całością, a nasze przekonanie o odrębności jest po prostu efektem sposobu, w jaki nasz umysł przetwarza zapisy.

Jednym z najbardziej przekonujących dowodów na wzajemne powiązanie świadomości i wszechświata jest analiza mechaniki kwantowej. Na poziomie subatomowym cząstki nie zachowują się już jak odrębne obiekty, ale zamiast tego wykazują falowe domy, obecne w stanie przypadku, dopóki nie zostaną określone lub zmierzone. Zjawisko to, zwane superpozycją kwantową, oznacza, że rzeczywistość nie jest ustalona ani docelowa, dopóki nie zostanie zlokalizowana przez świadomego obserwatora. Innymi słowy, sama świadomość odgrywa zasadniczą rolę w kształtowaniu samej struktury prawdy. Znany eksperyment z „podwójną szczeliną", w którym szczątki zachowują się zarówno jak fale, jak i szczątki w zależności od tego, czy można je zaobserwować, sugeruje, że świadomość jest krytycznym elementem zachowania wszechświata.

Co więcej, niektóre interpretacje mechaniki kwantowej, składające się z zasady „wielu światów", zalecają życie równoległych wszechświatów, w których wszystkie możliwe konsekwencje zdarzenia kwantowego pojawiają się w oddzielnych, rozgałęzionych rzeczywistościach. Gdyby nasza świadomość była w stanie uzyskać dostęp do tych równoległych wszechświatów, pomogłoby to wyjaśnić uczucie wzajemnego połączenia, którym wiele osób rozkoszuje się w chwilach głębokiej percepcji lub duchowego przebudzenia. Być może w tych chwilach nasza świadomość łączy się z głębszą, regularnie występującą świadomością, która przekracza granice czasu i przestrzeni.

Oprócz fizyki kwantowej, badanie kosmologii oferuje również wgląd w związek mocy między skupieniem a wszechświatem. Sam fakt, że wszechświat wydaje się być wyjątkowo dostrojony do życia, jest tematem błyskotliwego hobby zarówno dla naukowców, jak i filozofów. Tak zwany „problem przyjemnego dostrojenia" odnosi się do odkrycia, że podstawowe stałe natury — takie jak elektryczność grawitacji, prędkość elektronu i masa protonu — są ustalone na wartościach, które pozwalają na istnienie życia, jakie znamy. Gdyby którakolwiek z tych stałych była ledwie określona, życie nie byłoby już możliwe. To doskonałe dostrojenie doprowadziło niektórych do zajęcia stanowiska, że wszechświat może być zaprojektowany lub przynajmniej wspierany przez jakąś formę inteligencji lub skupienia. Podczas gdy sieć naukowa ogólnie powstrzymuje się od przywoływania uwagi jako rzeczy przyczynowej w formowaniu wszechświata, postrzeganie „świadomego kosmosu" pozostaje interesującą okazją.

Koncepcja, że rozpoznanie i wszechświat nie są oddzielne, ale alternatywnie są dwoma wyrazami tego samego fundamentalnego faktu, wymagającego sytuacji dominującego poglądu na materialistyczny, mechanistyczny wszechświat. Jeśli poznanie jest rzeczywiście wrodzoną funkcją kosmosu, otwiera nowe ścieżki eksploracji i wiedzy. Być może granice między myślami i pamięcią nie są tak sztywne, jak kiedyś myśleliśmy, a wszechświat nie jest nudnym, bezwładnym urządzeniem, ale żywą, świadomą istotą samą w sobie.

Ostatecznie pytanie, czy rozpoznanie i wszechświat są oddzielne, czy też stanowią jedno, nigdy nie będzie w pełni odpowiedzi. Jednak w miarę jak kontynuujemy eksplorację tajemnic kosmosu, od sfery kwantowej po ogrom przestrzeni, możemy stwierdzić, że uwaga nie jest czymś, co mieści się w naszych umysłach, lecz czymś, co przenika samą strukturę bytu. Czy staliśmy się niezależni od wszechświata, czy też jego częścią, to pytanie, które leży u podstaw genialnego kosmicznego thrillera — thrillera, który być może dotrze do nas w czasie.

1.2 Różnica między rzeczywistością postrzeganą za pomocą mózgu a prawdziwą strukturą wszechświata

Nasza wiara w rzeczywistość, sposób, w jaki rozkoszujemy się i interpretujemy świat wokół nas, nie jest bezpośrednim odbiciem zewnętrznego wszechświata, ale jest raczej zbiorem skonstruowanym przez umysł. Umysł otrzymuje surowe dane ze zmysłów, podchodzi do nich i tworzy model faktu, który cieszymy się jako „rzeczywisty". Jednak ta rzeczywistość nie zawsze jest prawdziwą naturą samego wszechświata, ale alternatywnie przefiltrowaną, subiektywną ilustracją ukształtowaną przez czynniki biologiczne, psychologiczne i środowiskowe. Rozróżnienie między tym, co rozumiemy, a rzeczywistą strukturą wszechświata jest głębokie i ma głębokie implikacje dla naszej wiedzy zarówno o rozpoznaniu, jak i kosmosie.

Umysł, choć wyjątkowo skuteczny organ, nie zawsze jest doskonałym rejestratorem świata zewnętrznego. Zamiast tego działa jak filtr, dekodując dane sensoryczne na podstawie wcześniejszych recenzji, oczekiwań i granic sensorycznych. Nasze zmysły — wzrok, słuch, kontakt, smak i węch — są w stanie wykryć jedynie niewielką część danych, które istnieją w świecie. Na przykład ludzkie oko najlepiej rozumie wąskie pasmo promieniowania elektromagnetycznego zwane widzialnym światłem, które stanowi jedynie niewielki wycinek całego spektrum elektromagnetycznego. Podobnie nasze uszy mogą jedynie wychwycić ograniczoną liczbę częstotliwości dźwięku, a nasz zmysł dotyku koncentruje się na pewnych doznaniach dotykowych.

Ponieważ umysł otrzymuje tylko częściowe zapisy, a nasze zmysły ewoluowały, aby priorytetowo traktować pozytywne typy zapisów, które mogą być najbardziej przydatne do przetrwania, mózg konstruuje model faktu, który jest niesamowicie filtrowany i subiektywny. Ta wersja nie zawsze jest dosłownym przedstawieniem zewnętrznego świata, ale alternatywnie ilustracją ukształtowaną poprzez interpretacje i odmiany mózgu. W istocie nie cieszymy się już „rzeczywistym" światem ; zamiast tego rozkoszujemy się jego modelem, wersją stworzoną za pomocą naszych struktur poznawczych.

Mózg podchodzi do przychodzących alertów sensorycznych i łączy je z przechowywanymi wspomnieniami i zrozumieniem, aby ukształtować spójną informację o otoczeniu. Na ten proces, zwany percepcją, wpływają nieskończone czynniki, składające się z zainteresowań, uczuć i uprzedzeń poznawczych. Na przykład ludzie mogą być świadkami tego samego zdarzenia i mieć całkowicie unikalne postrzeganie tego, co się wydarzyło, w zależności od ich pochodzenia, historii i stanów psychicznych. Podkreśla to subiektywność ludzkiego pojęcia i podkreśla przestrzeń między reprezentacją faktu przez umysł a rzeczywistym kształtem wszechświata.

Jedną z najbardziej uderzających różnic między postrzeganym faktem a autentyczną strukturą wszechświata jest ograniczenie ludzkiej percepcji. Ludzie są stworzeni do życia, aby opowiedzieć historię w określonym środowisku — takim, które jest ukształtowane przez grawitację, światło i powietrze — a nasze systemy sensoryczne są dostosowane do tego otoczenia. Skala wszechświata jednak wykracza daleko poza to, co mogą wykryć nasze zmysły. Ogrom przestrzeni, niepojęte rozmiary naszych ciał niebieskich i wysokoenergetyczne procesy zachodzące na poziomie subatomowym — wszystko to wykracza poza zasięg naszych zmysłów.

Na przykład odległości między gwiazdami i galaktykami są tak duże, że przeczą one przestrzennym ograniczeniom, których jesteśmy świadomi. Rok świetlny, czyli przerwa, jaką światło pokonuje w ciągu dwunastu miesięcy, wynosi ponad 9 bilionów kilometrów — to odległość zbyt duża, aby nasz umysł mógł ją intuicyjnie pojąć. Podobnie, sytuacje mające miejsce na scenie kwantowej, w których cząstki mogą istnieć w więcej niż jednym stanie jednocześnie lub teleportować się w przestrzeni, działają na skalach, które są absolutnie poza światem naszego zwykłego doświadczenia.

W tych metodach wszechświat działa na skalach obszaru, czasu i siły, które są ogromnie wyjątkowe w porównaniu z tymi, z którymi spotykamy się w naszym codziennym życiu. Ludzki mózg, nawet tak doskonały, nie jest w stanie natychmiast zrozumieć tych skal. Zamiast tego polega na naukowych modelach, sprzęcie i jednostkach, aby zwiększyć nasze zdolności sensoryczne i dostarczyć nam zapisów o wszechświecie, których nie możemy bezpośrednio zobaczyć. Teleskopy, mikroskopy i akceleratory cząstek pozwalają nam eksplorować kosmos w sposób, na jaki nasze zmysły nigdy nie powinny pozwalać.

Prowadzi to do głębszego pytania filozoficznego: jeśli nasze pojęcie prawdy jest konstrukcją, jak rozpoznamy, czy wszechświat ma cel, bezstronne style życia, czy też jest po prostu intelektualną konstrukcją stworzoną przez mózg? Koncepcja obiektywnego faktu pokazuje, że wszechświat istnieje niezależnie od naszego postrzegania go, że może istnieć świat zewnętrzny, który działa zgodnie z prawami i ideami ciała, niezależnie od tego, czy istnieją świadome istoty, które mogą go badać.

W ocenie, kilka interpretacji mechaniki kwantowej sugeruje, że sam akt stwierdzenia może mieć wpływ na królestwo urządzenia. W słynnym eksperymencie z „podwójną szczeliną" szczątki zachowują się inaczej w zależności od tego, czy są określane, co oznacza, że świadomość pełni funkcję w kształtowaniu struktury rzeczywistości. To zwiększa pytanie: czy fakt jest bezstronnym kształtem, czy też polega na świadomych obserwatorach, którzy wprowadzają go do istnienia? Podczas gdy dominujący pogląd w fizyce klasycznej utrzymuje, że wszechświat istnieje obiektywnie, niezależnie od ludzkich przekonań, zasada kwantowa wprowadza etap niejednoznaczności, który kwestionuje ten pogląd.

Oprócz ograniczeń związanych z przekonaniami sensorycznymi, interpretacja rzeczywistości przez umysł jest regularnie stymulowana za pomocą poznawczych uprzedzeń i iluzji. Uprzedzenia poznawcze to systematyczne wzorce odchyleń od normy lub racjonalności w osądzie, które regularnie prowadzą nas do błędnego odczytywania statystyk lub podejmowania decyzji, które nie są oparte na dowodach obiektywnych. Na przykład „błąd potwierdzenia" prowadzi nas do poszukiwania zapisów, które potwierdzają nasze wcześniej istniejące ideały, podczas gdy „błąd zakotwiczenia" powoduje, że zbyt mocno polegamy na podstawowym elemencie statystyk, na który się natkniemy.

Te uprzedzenia mogą zniekształcać nasze pojęcie świata, powodując, że błędnie odczytujemy fakty lub wyciągamy błędne wnioski. Ponadto mózg jest podatny na tworzenie iluzji — błędnych percepcji świata zewnętrznego, opartych całkowicie na sposobie, w jaki mózg przetwarza bodźce sensoryczne. Na przykład iluzje optyczne powstają, gdy umysł błędnie interpretuje fakty wizualne, co prowadzi do fałszywych percepcji wielkości, odcienia lub ruchu. Iluzje te podkreślają omylność naszego postrzegania i podkreślają koncepcję, że rzeczywistość, którą się cieszymy, nie jest wierną reprezentacją prawdziwej natury areny.

Pomimo subiektywnej natury ludzkiego pojęcia, technologia poczyniła ogromne postępy w odkrywaniu autentycznej struktury wszechświata. Dzięki udoskonaleniu modeli matematycznych, uwag empirycznych i strategii eksperymentalnych, zyskaliśmy głębsze zrozumienie kosmosu. Prawa fizyki, od mechaniki Newtona po mechanikę kwantową, opisują zachowanie zależności i energii w różnych skalach, ukazując wszechświat, który jest rządzony za pomocą określonych przepisów i idei.

Jednym z najbardziej ekscytujących osiągnięć fizyki współczesnej jest teoria zunifikowanego podmiotu, która stara się wyjaśnić wszystkie istotne siły we wszechświecie jako przejawy niezależnego, podstawowego ciśnienia. Ta koncepcja, która jest wciąż udoskonalana, ma na celu pogodzenie 4 podstawowych sił natury — grawitacji, elektromagnetyzmu, silnej siły jądrowej i podatnego ciśnienia jądrowego — w ramach jednej struktury. Jeśli trafi , zasada zunifikowanego obszaru powinna zapewnić pełniejszą wiedzę na temat autentycznej struktury wszechświata, taką, która przekracza ograniczenia naszej wiary i oferuje wgląd w istotną naturę prawdy.

Chociaż możemy nie być w stanie od razu dostrzec rzeczywistego kształtu wszechświata, badania kliniczne dostarczają nam narzędzi do jego eksploracji. Rozszerzając nasze zdolności sensoryczne o technologię i rozwijając mody, które pozwalają nam zrozumieć zachowanie się w skalach kosmicznych i kwantowych, możemy pokonać dystans między subiektywną rzeczywistością, w której się rozkoszujemy, a obiektywnym faktem, który leży poza nią.

W końcu różnica między faktem postrzeganym przez umysł a właściwą strukturą wszechświata zaprasza nas do ponownego rozważenia naszych założeń dotyczących natury istnienia. Wszechświat może być o wiele bardziej obcy i skomplikowany, niż nasze zmysły mogą pojąć, a prawda, której doświadczamy, może być również małą częścią o wiele większej, bardziej skomplikowanej kosmicznej tkaniny. W miarę jak kontynuujemy odkrywanie tajemnic wszechświata, możemy dojść do wniosku, że granica między percepcją a prawdą nie jest tak prosta, jak kiedyś sądziliśmy. Prawdziwa natura wszechświata może być o wiele bardziej cudowna, niż nam się wydaje, a nasze postrzeganie jej może być jednak odbiciem lustrzanym o wiele wspanialszej i głębszej rzeczywistości.

Fevzi H.

1.3 Związek między materią a świadomością: fizyczny czy metafizyczny?

Pytanie, w jaki sposób świadomość powstaje z pamięci — a konkretnie, w jaki sposób subiektywne doświadczenie powstaje z rozrywki mózgu — od setek lat wprawia filozofów, naukowców i myślicieli w zakłopotanie. Pytanie to jest głęboko związane z debatą między poglądami : materializmem, który zakłada, że wszystkie zjawiska, wraz z poznaniem, powstają z fizycznych liczb i technik, oraz idealizmem lub dualizmem, który wskazuje, że uwaga jest prawdopodobnie zjawiskiem niefizycznym lub metafizycznym, którego nie można całkowicie wyjaśnić za pomocą interakcji cielesnych. Związek między pamięcią a świadomością, a także to, czy jest on zasadniczo fizyczny czy metafizyczny, jest jednym z najgłębszych i nierozwiązanych pytań w każdej filozofii i neuronauce.

Materializm, zwany również fizykalizmem, to pogląd, że wszystko we wszechświecie, takie jak świadomość, jest ostatecznie końcowym rezultatem taktyk fizycznych. Zgodnie z tą perspektywą uwaga wyłania się ze złożonych interakcji neuronów i technik biochemicznych wewnątrz mózgu. Umysł jest uważany za zaskakująco nowoczesny organ, który przetwarza zapisy, integruje dane sensoryczne i wytwarza świadomą uwagę jako produkt uboczny swojej aktywności.

Z tego punktu widzenia świadomość jest koncepcją całkowicie zależną od fizycznej struktury i funkcji mózgu. Postępy w neuronauce pozwoliły na rozpoznanie unikalnych obszarów umysłu związanych z różnymi elementami rozpoznawania, w tym percepcji, dokonywania wyboru i samoświadomości. Urazy mózgu lub uszkodzenia pewnych obszarów umysłu mogą powodować zmiany w poznaniu, co sugeruje silne powiązanie między fizycznym mózgiem a świadomym doświadczeniem.

Neurobiologiczne mody, wraz z tymi opartymi całkowicie na sieciach neuronowych lub przetwarzaniu informacji, próbują wyjaśnić, w jaki sposób skupienie wyłania się z zainteresowania umysłu. W tych modach świadomość jest widoczna jako wyłaniający się składnik skomplikowanych interakcji neuronowych. Ponieważ właściwości paliwa wyłaniają się z interakcji cząsteczek charakteru, rozpoznanie jest widoczne jako wyłaniający się składnik hobby neuronowego, którego nie można sprowadzić do jednej części umysłu, ale wynika z funkcji całej maszyny.

W tym kontekście świadomość jest całkowicie związana z fizycznymi metodami umysłu. Koncepcja ta polega na wyłonieniu się ze złożonej sieci stylów wyzwalania neuronów, impulsów elektrycznych i alertów chemicznych, które pozwalają umysłowi na charakteryzowanie się. Ta technika zakłada, że dopóki umysł pozostaje nienaruszony i celowy, rozpoznawanie również będzie istnieć. Kiedy mózg przestaje działać — z powodu śmierci lub poważnego uszkodzenia mózgu — uważa się, że rozpoznawanie również się kończy.

W porównaniu do materializmu, pogląd metafizyczny lub dualistyczny twierdzi, że skupienia nie można całkowicie wyjaśnić za pomocą metod cielesnych na własną rękę. Dualizm, głównie sformułowany przy pomocy Kartezjusza w XVII wieku, zakłada, że we wszechświecie istnieją dwie podstawowe substancje: fizyczna (liczba liczbowa) i intelektualna (myśli lub skupienie). Zgodnie z dualizmem świadomość jest substancją niefizyczną, której nie można sprowadzić do neuronowej rozrywki mózgu.

Kartezjusz słynnie argumentował, że myśli i ciało są odrębnymi bytami: rama składa się z fizycznej zależności i działa zgodnie z prawnymi wytycznymi fizyki, podczas gdy myśli lub dusza są niefizyczną substancją, której nie można zdefiniować za pomocą tych samych idei. Dla Kartezjusza myśli są źródłem poznania, koncepcji i samoświadomości i oddziałują z ramą za pośrednictwem szyszynki w umyśle. Chociaż ta interakcja pozostaje przedmiotem debaty, kluczowa koncepcja dualizmu — że skupienie jest zasadniczo odrębne od międzynarodowego ciała — nadal przekonuje pozytywne poglądy filozoficzne współcześnie.

Niektórzy zwolennicy dualizmu lub idealizmu twierdzą, że świadomość istnieje niezależnie od fizycznego mózgu i może przetrwać śmierć. Pogląd ten jest często powiązany z wierzeniami duchowymi lub religijnymi, które głoszą, że rozpoznanie lub dusza istnieją poza granicami materialnego świata i mogą rozkoszować się życiem pozagrobowym lub transcendencją. Z tego punktu widzenia świat fizyczny i mózg są postrzegane jako samochody lub instrumenty świadomości, ale nie jej zaopatrzenie.

Inny pogląd metafizyczny, zwany panpsychizmem, sugeruje, że rozpoznanie jest istotną własnością wszechświata, inherentną wszystkim pamięciom. Według panpsychizmu nawet najbardziej podstawowe szczątki liczenia posiadają pewien kształt świadomości lub przyjemności, a to poznanie jest z pewnością bardziej złożone i zorganizowane w lepszych odmianach stylów życia. W tym poglądzie rozpoznanie nie wyłania się z fizycznych taktyk wewnątrz umysłu, ale jest zamiast tego wszechobecnym, niezbędnym elementem samej rzeczywistości.

Zadanie w zasypaniu luki między perspektywami materialnymi i metafizycznymi leży w tym, co logik David Chalmers nazywa „trudnym kłopotem" rozpoznania. Podczas gdy „czyste kłopoty" świadomości — wraz z ustaleniem obszarów mózgu zaangażowanych w precyzyjne funkcje umysłowe lub wyjaśnieniem, w jaki sposób aktywność neuronalna koreluje z subiektywnym odczuwaniem — mogą być badane poprzez neuronaukę, trudny kłopot zajmuje się zasadniczym pytaniem: dlaczego subiektywne odczuwanie powstaje ze strategii fizycznych? Innymi słowy, w jaki sposób i dlaczego mózg wytwarza bogate, jakościowe odczuwanie bycia świadomym, posiadania uczuć i postrzegania świata?

To pytanie zwiększa ogromne trudności dla materializmu, ponieważ wydaje się, że subiektywne doświadczenie uwagi — „jak to jest" być świadomym — nie może być w pełni wyjaśnione przez cielesne taktyki umysłu. Podczas gdy wiedza technologiczna może nam powiedzieć, które komponenty umysłu są aktywne w trakcie konkretnych sportów umysłowych, nie może nie wyjaśnić, dlaczego te metody zapewniają wzrost niepublicznej, jakościowej przyjemności z tych sportów. Ta luka w zrozumieniu doprowadziła wielu do pytania, czy uwaga jest tylko zjawiskiem cielesnym, czy też chodzi o coś wykraczającego poza globalną strukturę .

Jedną z ostatnich prób połączenia poglądów materialistycznych i metafizycznych jest Zintegrowana Teoria Informacji (IIT), opracowana przez neurobiologa Giulio Tononiego. IIT zakłada, że koncentracja powstaje w wyniku mieszania rekordów w maszynie, a nie w wyniku określonej aktywności neuronowej, konkretnie obszarów umysłu. Według IIT, każdy gadżet, który integruje fakty w określony sposób, może być świadomy, a nie tylko organiczny, jak umysł.

IIT oferuje sposób uwzględnienia poznania jako właściwości skomplikowanych systemów, niewątpliwie nawet systemów poza ludzkim umysłem. Ten pogląd sprzeciwia się zasadniczo materialistycznej koncepcji, że poznanie najskuteczniej wyłania się ze struktur biologicznych i otwiera drzwi do możliwości, wraz z koncepcją, że maszyny lub inteligencje syntetyczne mogłyby posiadać świadomość, gdyby integrowały informacje w pewny sposób.

W alternatywnym wyjściu ze spektrum, panpsychizm oferuje okazję, która obejmuje niematerialistyczny pogląd na uwagę. Panpsychizm utrzymuje, że świadomość jest niezbędnym dobrem wszystkich zależności, a nie tylko produktem ubocznym skomplikowanych struktur organicznych. W tym ujęciu mózg nie zawsze jest jedynym generatorem skupienia, ale raczej maszyną, która organizuje i wzmacnia istniejący wcześniej kształt przyjemności, który jest nieodłączny dla wszystkich czynników wszechświata. Ta idea kwestionuje konwencjonalny materializm, sugerując, że świadomość może nie być unikalna dla istot ludzkich lub zwierząt, ale zamiast tego występuje w pewnym kształcie we wszystkich liczbach, od cząsteczek po planety.

Inna interesująca propozycja, która łączy poglądy materialistyczne i metafizyczne, pochodzi z mechaniki kwantowej. Niektórzy teoretycy, wraz z fizykiem Rogerem Penrose'em, zalecają, aby procedury kwantowe odgrywały rolę w uwadze. W swojej zasadzie Orchestrated Objective Reduction (Orch-OR) Penrose proponuje, aby superpozycja kwantowa i splątanie mogły być zaangażowane w powstawanie świadomości, niewątpliwie łącząc myśli i liczenie w sposób, którego fizyka klasyczna nie potrafi wyjaśnić. Ta teoria wprowadza możliwość, że rozpoznanie pociąga za sobą konsekwencje kwantowe, które wykraczają poza tradycyjną wiedzę cielesną, otwierając w konsekwencji drzwi do zupełnie nowego spojrzenia na myśli jako na coś większego niż tylko to, co powstaje z zainteresowania neuronowego.

Choć wciąż spekulatywne, teorie świadomości kwantowej sugerują, że interakcja między procesami neuronowymi umysłu a zjawiskami kwantowymi może stanowić wyjaśnienie, w jaki sposób mózg może generować świadome rozkoszowanie się. Podejście to zwiększa również prawdopodobieństwo, że uwaga może być głębszym, bardziej istotnym elementem wszechświata, którego nie da się w pełni wyjaśnić za pomocą klasycznego materializmu.

Hiperłącze między liczbą a poznaniem pozostaje jednym z najgłębszych i nierozwiązanych pytań zarówno w filozofii, jak i w wiedzy technologicznej. Debata między materializmem a perspektywami metafizycznymi, takimi jak dualizm czy panpsychizm, odzwierciedla trudność wyjaśnienia subiektywnej, wewnętrznej przyjemności poznania w kategoriach celu, zewnętrznego globalnego fizycznego zapamiętania.

Podczas gdy teorie materialistyczne nadal dominują w klinicznych badaniach umysłu, trudny problem uwagi utrzymuje się, co sugeruje, że prawdziwa natura rozpoznania może również obejmować coś więcej niż tylko metody cielesne. W miarę jak nasza wiedza o umyśle, mechanice kwantowej i zasadniczej naturze faktu nadal się dostosowuje, tak samo będzie się rozwijać nasza wiedza o połączeniu między byciem liczonym a świadomością. Niezależnie od tego, czy odpowiedź leży w materializmie, metafizyce czy w agregacie każdego z nich, poszukiwanie natury uwagi pozostaje jednym z największych intelektualnych hobby ludzkości.

1.4 Hipotezy dotyczące świadomości wszechświata

Pytanie, czy sam wszechświat będzie świadomy, intryguje filozofów, naukowców i myślicieli religijnych od tysiącleci. Podczas gdy konwencjonalna wiedza technologiczna często postrzega świadomość jako cechę charakterystyczną organizmów, w szczególności tych z całkiem rozwiniętymi mózgami, pewne teorie filozoficzne i medyczne przypisują tę perspektywę, sugerując, że świadomość może być większą konwencjonalną właściwością.

Jedna z najbardziej wybitnych myśli sugerujących, że wszechświat może być świadomy, pochodzi z panpsychizmu, poglądu, że poznanie nie ogranicza się do ludzi lub zwierząt, ale jest istotną funkcją wszystkich pamięci. Zgodnie z panpsychizmem, każda cząsteczka, od atomów po galaktyki, posiada pewien kształt świadomości lub intelektualnych domów. Ta spekulacja wynika z koncepcji, że świadomość nie chce już, aby pojawił się skomplikowany umysł, ale jest nieodłączną doskonałością cielesnego wszechświata.

Logik Alfred North Whitehead jest często łączony z tą koncepcją, przedstawiając, że wszystkie byty, od najmniejszych subatomowych szczątków do najważniejszych kosmicznych systemów, rozkoszują się jakąś formą „czucia" lub „doświadczenia". Whitehead argumentował, że wszechświat nie składa się z izolowanych obiektów, ale jako alternatywne, połączone byty, które w pewnym doświadczeniu posiadają prymitywne formy uwagi. Dla Whiteheada ta uwaga nie zawsze jest równoważna ludzkiemu skupieniu na sobie, ale jako substytut jest podstawową, doświadczalną obecnością we wszystkich rzeczach.

Ten pogląd kwestionuje bardziej tradycyjne doświadczenie, które skupia się wyłącznie na złożoności żywych organizmów. Zamiast tego panpsychizm proponuje, że świadomość jest tak fundamentalna dla materii faktu, jak masa lub elektryczność. W tym ujęciu sam wszechświat będzie postrzegany jako znaczna społeczność połączonych ze sobą świadomych doświadczeń, przy czym złożone organizmy, takie jak ludzie i zwierzęta, posiadają wyższe, trudniejsze rodzaje poznania.

Inna spekulacja łącząca świadomość ze wszechświatem pochodzi z Zintegrowanej Teorii Informacji (IIT), opracowanej przez neurobiologa Giulio Tononiego. IIT zakłada, że skupienie powstaje w wyniku integracji zapisów wewnątrz gadżetu i że każdy system zdolny do integrowania statystyk w wystarczająco złożony sposób prawdopodobnie może być świadomy. Podczas gdy IIT jest zazwyczaj przeprowadzana w mózgu i sieciach neuronowych, zasugerowano również, że cały wszechświat może funkcjonować jako maszyna zdolna do integrowania informacji na skalę kosmiczną.

W tym ujęciu uwaga wszechświata może chcieć wznieść się ponad pełnowymiarowe ilości faktów, które przetwarza na wszystkich poziomach — od cząstek subatomowych oddziałujących w polach kwantowych po skomplikowane układy galaktyk i układów gwiezdnych . Według IIT wszechświat jest prawdopodobnie postrzegany jako duża, połączona społeczność, w której podstawowe prawa fizyki regulują mieszanie faktów. W tym kontekście uwaga wszechświata nie jest zlokalizowana w wybranym bycie lub umyśle, ale jest rozłożona na cały kosmos.

Ta spekulacja sugeruje, że „umysł" wszechświata może być bardzo specyficzny w stosunku do naszego osobistego w strukturze i przyjemności. Powinien obejmować odmiany rozpoznania, które są ogromnie wyjątkowe w stosunku do ludzkiej lub zwierzęcej świadomości, przy czym wszechświat „doświadcza" siebie w sposób, który może być poza naszym zrozumieniem. Pomysł, że sam wszechświat może być świadomy w ten sposób, jest ekscytującą, choć ogromnie spekulatywną możliwością, mieszającą elementy neuronauki, teorii statystyki i kosmologii.

Mechanika kwantowa, z jej niezwykłymi i kontrintuicyjnymi koncepcjami, zainspirowała dodatkowo niektórych teoretyków do spekulacji na temat możliwości istnienia świadomego wszechświata. Teorie rozpoznania kwantowego sugerują, że zachowanie szczątków na scenie kwantowej może dać wgląd w to, jak wszechświat może chcieć posiadać uwagę. Jednym z najbardziej znanych zwolenników tej idei jest fizyk Roger Penrose, który we współpracy z anestezjologiem Stuartem Hameroffem opracował teorię Orchestrated Objective Reduction (Orch-OR).

Teoria Penrose'a zakłada, że rozpoznanie wynika z podejść kwantowych w mikrotubulach neuronów mózgu. Jednak tę koncepcję można również rozszerzyć na cały wszechświat, a taktyki kwantowe są obecnie stosowane nie tylko w strukturach biologicznych, ale w samym materiale czasoprzestrzeni. Jeśli zjawiska kwantowe, takie jak superpozycja, splątanie i nielokalność, są istotne dla kształtu wszechświata, mogą kształtować podstawę pewnego rodzaju kosmicznego poznania.

W tym ujęciu wszechświat może być świadomy na poziomie kwantowym, przy czym rozpoznanie nie wynika już z klasycznych struktur umysłowych, ale z podstawowych pól kwantowych i sposobu, w jaki oddziałują one na siebie. Cały kosmos można postrzegać jako uczestniczący w metodach kwantowych, które zapewniają wzrost do formy skupienia, nie zawsze takiej jak ludzka świadomość, ale w sposób, który wykracza poza nasze tradycyjne doświadczenie umysłu i liczenia.

Podczas gdy koncepcja świadomego wszechświata może wydawać się abstrakcyjna, hipoteza Gai, zaproponowana przez naukowca Jamesa Lovelocka, oferuje większą, zlokalizowaną, ale mimo to głęboką perspektywę na temat wzajemnych powiązań stylów życia i środowiska. Hipoteza Gai pokazuje, że Ziemia ma zdolności samoregulującego się systemu, w którym zamieszkujące organizmy, środowisko, oceany i geologia Ziemi oddziałują na siebie w taki sposób, że planeta utrzymuje warunki odpowiednie do istnienia. W kilku interpretacjach hipotezy Gai Ziemia jest uważana za charakterystyczną „żyjący organizm" z formą zbiorowego, planetarnego skupienia, które nadzoruje kondycję i równowagę środowiska.

Chociaż hipoteza Gai nie sugeruje już, że Ziemia jest świadoma w taki sam sposób, w jaki ludzie są świadomi, to jednak opowiada się za formą holistycznej uwagi wewnątrz systemów planety. Pogląd ten odzwierciedla kilka elementów panpsychizmu, gdzie rozpoznanie nie jest ograniczone do poszczególnych istot, ale jest cechą większych struktur. Hipoteza Gai oferuje ramy, w których Ziemia, jako skomplikowany i połączony organizm, może chcieć posiadać formę uwagi wykraczającą poza ruchy organizmów ludzkich.

Poza hipotezami klinicznymi, wiele mistycznych tradycji od dawna utrzymuje, że wszechświat jest świadomy w pewien sposób. W różnych systemach religijnych i religijnych wszechświat jest regularnie opisywany jako inteligentna, celowa siła, czasami ucieleśniona w bóstwach lub boskich ideach. Na przykład w hinduizmie idea Brahmana reprezentuje ostateczny fakt, który jest zarówno źródłem, jak i esencją wszechświata, i jest uważany za świadomy i samoświadomy. Podobnie, w wielu rodzimych tradycjach, świat naturalny i kosmos są postrzegane jako przesiąknięte duchem i świadomością.

Te mistyczne i religijne tradycje doradzają, że wszechświat nie jest tylko mechanistycznym, bezosobowym systemem rządzonym za pomocą praw fizyki, ale jest alternatywnie świadomym, mieszkającym bytem. Z tego punktu widzenia ludzka świadomość jest przywiązana do większego skupienia wszechświata, a ludzka świadomość jest lustrzanym odbiciem kosmicznego umysłu.

Paradoks Fermiego — oczywista sprzeczność między wysokimi możliwościami cywilizacji pozaziemskich obecnych we wszechświecie a brakiem dowodów na istnienie takich cywilizacji — również podnosi fascynujące pytania o charakter świadomości w skali kosmicznej. Niektórzy doradzali, że brak kontaktu z innymi cywilizacjami może wynikać z faktu, że biurokracja pozaziemskiego stylu życia może nie być świadoma w taki sam sposób jak my, lub że ich rozpoznanie prawdopodobnie opiera się głównie na całkowicie odrębnych koncepcjach.

Alternatywnie, kilku teoretyków zaproponowało, że zaawansowane cywilizacje prawdopodobnie ostatecznie uzyskają formę kosmicznego rozpoznania, łącząc się ze wszechświatem na ogromną skalę. W tej sytuacji istoty wyższe mogłyby wyjść poza uwagę charakteru i stać się częścią zbiorowej, planetarnej lub być może kosmicznej uwagi. Brak obserwowalnych alertów od cywilizacji pozaziemskich mógłby być lustrzanym odbiciem rzeczywistości, że lepsze rodzaje skupienia działają na poziomie, który nie jest łatwo wykrywalny za pomocą naszych współczesnych strategii klinicznych.

Podczas gdy koncepcja świadomego wszechświata pozostaje wyraźnie spekulatywna, różnorodność hipotez wymienionych tutaj pokazuje rosnące zainteresowanie eksploracją możliwości, że świadomość nie jest po prostu wytworem ludzkich mózgów, ale fundamentalnym zasobem

Fevzi H.

samego wszechświata. Niezależnie od tego, czy poprzez panpsychizm, teorie świadomości kwantowej, czy mistyczne poglądy, pomysł, że wszechświat może posiadać kilka kształtów świadomości, wymaga sytuacji tradycyjnych materialistycznych perspektyw faktu i otwiera drzwi nowym podejściom do rozważania myśli, kosmosu i naszego obszaru w nim. W miarę rozwoju naszego zrozumienia skupienia, fizyki kwantowej i kosmologii możemy również odkryć, że granica między myślami a liczbą jest o wiele bardziej płynna i powiązana, niż kiedykolwiek sobie wyobrażaliśmy.

1.5 Przepływ informacji we Wszechświecie i rola ludzkiej świadomości

Dryf informacji w trakcie wszechświata to idea, która łączy ze sobą kilka dziedzin, w tym fizykę, kosmologię, biologię i filozofię. Jest to centralna idea w informacji, nie tylko podstawowe działanie kosmosu, ale także funkcja, jaką ludzkie poznanie pełni w tej rozległej społeczności faktów. Informacja jest walutą, za pośrednictwem której działa wszechświat, niezależnie od tego, czy jest to transmisja danych kwantowych , przetwarzanie energii, czy komunikacja idei przez czasoprzestrzeń.

W jego środku, informacje wewnątrz wszechświata mogą być widoczne jako inspiracja wszystkich cielesnych technik i interakcji. Z punktu widzenia współczesnej fizyki, zapisy nie są po prostu zbiorczą wiedzą; są ważnym elementem samego faktu. Mechanika kwantowa wykazała, że szczątki nie istnieją już w ustalonych stanach, ale są opisywane za pomocą zdolności falowych, które kodują probabilistyczne zapisy dotyczące ich zachowania. To podejście, że każdy system cielesny, od cząstek subatomowych po całe galaktyki, jest rządzony przez poślizg informacji, który określa, w jaki sposób szczątki oddziałują na siebie, w jaki sposób wymieniana jest elektryczność i w jaki sposób pamięć ewoluuje w czasie.

Pomysł informacji okazał się szczególnie wybitny w badaniu czarnych dziur i charakteru przestrzeni-czasu. Na przykład „paradoks czarnych pustych faktów" koncentruje się na pomyśle, że zapisy dotyczące pamiętania wpadnięcia do czarnej pustej przestrzeni mogą być cały czas gubione, co przeczy zasadzie, że danych nie można zniszczyć. Najnowsze teorie sugerują, że te fakty nie są gubione, ale zamiast tego są kodowane w horyzoncie zdarzeń czarnych dziur, prawdopodobnie tworząc przesłankę do zupełnie nowych spostrzeżeń na temat samej struktury prawdy.

W kosmologii fakty są równie istotne, aby poznać ewolucję wszechświata. Na przykład Wielki Wybuch można postrzegać jako moment, w którym znaczna ilość statystyk dotyczących wczesnego wszechświata została skondensowana w osobliwość, która następnie przyspieszyła i rozwinęła się na przestrzeni miliardów lat do wszechświata, który widzimy dzisiaj. Przepływ informacji przez ten system ukształtował powstawanie gwiazd, galaktyk, a nawet biurokracji życia biologicznego, które pojawiły się na Ziemi. Całą historię wszechświata, od jego powstania do obecnej sekundy, można postrzegać jako ciągłą transmisję i transformację informacji. Podczas gdy zapisy swobodnie przepływają przez cały wszechświat, to ludzka świadomość zapewnia zupełnie unikalny mechanizm przetwarzania i interpretowania tych statystyk. Świadomość pozwala nam zrozumieć, kategoryzować i doświadczać znacznych ilości zapisów, z którymi spotykamy się w naszym codziennym życiu. Ludzkie rozpoznanie jest czymś więcej niż biernym odbiorem bodźców sensorycznych, aktywnie angażuje się w zapisy i organizuje je, rozwijając wersję sektora, po którym poruszamy się w naszych umysłach.

Funkcja rozpoznawania w dryfie faktów nie zawsze jest po prostu bierna. Zgodnie z pozytywnymi poglądami filozoficznymi, skupienie jest aktywnym graczem w kształtowaniu faktów. Ta koncepcja jest szczególnie oczywista w pracach fizyków kwantowych, takich jak John Wheeler, który zaproponował ideę „wszechświata partycypacyjnego". Wheeler przestrzegał, że obserwatorzy (lub istoty świadome) odgrywają aktywną rolę w określaniu skutków działań kwantowych. Jego zdaniem akt obserwacji załamuje charakterystykę falową, decydując o jednym z wielu możliwych stanów i tym samym „rozwijając" fakt na scenie kwantowej.

To podejście sugeruje, że ludzkie rozpoznanie nie tylko interpretuje dryf informacji, ale odgrywa energetyczną rolę w kształtowaniu sposobu, w jaki fakty te manifestują się w świecie fizycznym. W ten sposób świadomość jest czymś więcej niż biernym odbiorcą — jest to raczej dynamiczna presja, która oddziałuje ze wszechświatem i wpływa na potok statystyk w głębokich podejściach.

Ludzki umysł jest biologicznym organem zdolnym do przetwarzania znacznych ilości zapisów z niesamowitą prędkością. Poprzez swoją problematyczną społeczność neuronów mózg koduje fakty sensoryczne, integruje je z raportami pozaziemskimi i przewiduje przeznaczenie. W tym sensie mózg służy jako interfejs, za pośrednictwem którego ludzkie rozpoznanie wchodzi w interakcję z informacjami, które płyną przez wszechświat.

Neuronalne zainteresowanie mózgiem można rozumieć jako złożony system przetwarzania faktów. Każdy neuron przekazuje sygnały do innych neuronów, rozwijając sieci informacji, które leżą u podstaw umysłu, percepcji i ruchów. Postępy w neuronauce udowodniły, że te sieci neuronowej rozrywki nie są prawdziwie losowe, ale obserwują precyzyjne style, które odpowiadają stanom psychicznym, od prostych odruchów po złożony umysł i uczucia.

Ostatnie badania nad poznawczą wiedzą technologiczną i koncepcją informacji wskazują, że umysł działa w sposób podobny do komputera, przetwarzając informacje za pomocą algorytmów i pętli sprzężenia zwrotnego. Jednak umysł ludzki nie jest po prostu mechanicznym procesorem; jest również zdolny do streszczania pojęć, kreatywności i samoświadomości — umiejętności, które pozwalają nam interpretować i wchodzić w interakcję z informacjami, które przepływają przez arenę w sposób, który jest wyjątkowo ludzki.

Ta zdolność do przetwarzania i integrowania statystyk ma głębokie implikacje dla sposobu, w jaki rozumiemy naszą pozycję we wszechświecie. Ludzkie rozpoznanie, dzięki swojej zdolności do organizowania i interpretowania znacznych ilości faktów, jest ważnym hiperłączem w łańcuchu faktów, który łączy wszechświat, Ziemię i wszystkie zamieszkujące ją istoty. Nasz potencjał do świadomego studiowania i manipulowania danymi daje nam moc kształtowania naszego środowiska, rozwijania naszego zrozumienia wszechświata i potencjalnego wpływu na ścieżkę naszej własnej ewolucji.

Jedna z dodatkowych spekulatywnych, ale fascynujących idei dotyczących relacji między podążaniem za przepływem faktów we wszechświecie a ludzką świadomością pochodzi z zasady holograficznej. Ta idea, zaproponowana przez fizyków wraz z Leonardem Susskindem i Gerardem 't Hooftem, sugeruje, że cały wszechświat można postrzegać jako rodzaj hologramu, w którym wszystkie dane dotyczące trójwymiarowego wszechświata są zakodowane na -wymiarowej powierzchni, podobnie jak hologram koduje trójwymiarowe informacje na płaskiej powierzchni.

Zgodnie z tą zasadą fakty wszechświata nie są po prostu zapisywane w obiektach fizycznych i taktykach, które badamy, ale są zakodowane w samej strukturze czasoprzestrzeni. Wskazuje to na głęboki związek między danymi , które stanowią wszechświat, a sposobem, w jaki świadome istoty, takie jak ludzie, interpretują i doświadczają tych informacji. Jeśli wszechświat jest rzeczywiście projekcją holograficzną, to ludzką świadomość można postrzegać jako rodzaj odbiornika, interpretującego statystyki zakodowane w materiale czasoprzestrzeni i doświadczającego jej jako areny wokół nas.

Holograficzne przykazanie podnosi również interesujące możliwości dotyczące natury prawdy. Sugeruje, że fakty, które stanowią wszechświat, nie będą tak silne ani tak złożone, jak się wydaje. Zamiast tego fakt, którego doświadczamy, będzie projekcją leżących u podstaw zapisów, podobnie jak hologram jest trójwymiarowym obrazem złożonym z dwuwymiarowych zapisów. W tym ujęciu pozycja ludzkiego rozpoznania staje się jeszcze bardziej dobra — nie zawsze jest ono tylko obserwatorem rzeczywistości, ale aktywnym graczem w interpretowaniu i interpretowaniu danych , które tworzą wszechświat.

Płynięcie z prądem statystyk jest krytyczną rzeczą struktury i charakterystyki wszechświata. Od podstawowych interakcji kwantowych, które rządzą zachowaniem cząstek, po złożone style neuronowej rozrywki, które dają impuls do ludzkiej koncepcji, zapisy leżą u podstaw wszystkich taktyk cielesnych i umysłowych. Ludzka uwaga odgrywa kluczową rolę w tym dynamicznym systemie, nie tylko jako odbiorca i procesor statystyk, ale także jako aktywny gracz w kształtowaniu prawdy, której doświadczamy.

Związek między przepływem zapisów wewnątrz wszechświata a ludzkim rozpoznaniem wciąż nie jest w pełni zrozumiany, ale jest czynnikiem głębszego powiązania między kosmosem a myślami. W miarę jak nasza wiedza na temat fizyki kwantowej, neuronauki i zasad statystyki nadal ewoluuje, możemy również skorzystać z nowych spostrzeżeń na temat podejść, w których uwaga wchodzi w interakcję z gigantyczną siecią statystyk wszechświata. Pod koniec, pytanie o sposób przepływu zapisów przez wszechświat — i pozycję, jaką ludzka świadomość odgrywa w tym przepływie — pozostaje jednym z najgłębszych i najbardziej interesujących obszarów eksploracji zarówno w nauce, jak i filozofii.

ROZDZIAŁ 2

Teoria wszechświatów równoległych i świadomość

2.1 Wszechświaty równoległe: założenie teoretyczne czy rzeczywistość?

Pomysł równoległych wszechświatów — wszechświatów, które istnieją wzdłuż naszego, potencjalnie z wyjątkowymi prawami fizycznymi, historiami i wynikami — intrygował naukowców, filozofów i laików przez stulecia. Ale czy to tylko teoretyczne założenie, czy może namacalna prawda? W tej eksploracji badamy kliniczne podstawy i spekulatywną naturę równoległych wszechświatów i sprawdzamy, czy są czymś więcej niż tylko fascynującym testem koncepcyjnym.

Idea równoległych wszechświatów ma bogate zapisy, które łączą zarówno kliniczną, jak i filozoficzną ideę. Wczesne zasady równoległych światów pojawiają się w pracach historycznych filozofów i tekstach duchowych. Na przykład wiele duchowych kosmologii doradzało, że kilka państw narodowych lub płaszczyzn istnienia mogłoby współistnieć, zaludnionych za pomocą unikalnych typów stylów życia, duchów lub bogów. Jednak te myśli były w dużej mierze metafizyczne, a nie empiryczne, pozbawione rygorystycznych ram klinicznych, które obecnie łączymy z kosmologią.

Dopiero w XX wieku percepcja wszechświatów równoległych zaczęła zyskiwać popularność w dziedzinie fizyki. Wczesne nasiona tej koncepcji zostały zasiane dzięki rozwojowi mechaniki kwantowej. Świat kwantowy, z jego nieodłączną niepewnością i probabilistyczną naturą, stał się o wiele dziwniejszy i bardziej złożony, niż kiedykolwiek wyobrażała sobie fizyka klasyczna. Utorowało to drogę naukowcom, aby nie zapomnieli, że nasz wszechświat może nie być najlepszy.

Najsłynniejszą współczesną koncepcją, która zakłada style życia równoległych wszechświatów, jest Interpretacja Wielu Światów (MWI) mechaniki kwantowej, zaproponowana przy pomocy fizyka Hugh Everetta w 1957 roku. Zgodnie z tą interpretacją, za każdym razem, gdy zdarza się zdarzenie kwantowe z więcej niż jedną możliwą konsekwencją, wszechświat „rozszczepia się" na odrębne gałęzie. Każda gałąź odpowiada jednej z możliwych konsekwencji, tworząc znaczną różnorodność równoległych wszechświatów, z których każdy reprezentuje unikalny wynik końcowy każdej kwantowej interakcji.

Na przykład nie zapomnij o cząstce kwantowej, która ma 50% ryzyka, że będzie się obracać w górę lub w dół, gdy zostanie odkryta. Według MWI oba efekty występują, ale w odrębnych gałęziach wszechświata — jednej, w której cząstka obraca się w górę, i jednej, w której obraca się w dół. Z perspektywy obserwatora zdarzenia te są nieobserwowalne bez opóźnienia, ale każda rzeczywistość współistnieje jednocześnie w oddzielnych, nieoddziaływujących na siebie równoległych wszechświatach.

Oprócz mechaniki kwantowej, idea wszechświatów równoległych jest również wspierana przez różne mody kosmologiczne. Najbardziej wyróżniającą się z nich jest koncepcja multiwersum, która sugeruje, że nasz wszechświat jest po prostu jednym z wielu, potencjalnie niezliczonych, wszechświatów, które łącznie tworzą „multiwersum".

Jedną z głównych teorii na rzecz multiwersum jest kosmiczna inflacja. Zgodnie z zasadą inflacji, wczesny wszechświat przeszedł szybki i wykładniczy wzrost, przepychany przez pole energii zwane inflatonem. Ta idea wskazuje, że inflacja nie pojawiła się tylko raz, ale mogła mieć miejsce wiele razy, przy czym każdy przypadek dawał impuls w górę odrębnemu wszechświatowi. Te wszechświaty, z których każdy wyłania się z całkowicie unikalnego zdarzenia inflacyjnego, powinny mieć wyjątkowe stałe fizyczne, prawa natury, a nawet wymiary czasoprzestrzeni.

Innym kosmologicznym modelem, który wyznacza styl życia równoległych wszechświatów, jest idea „brany", wywodząca się z koncepcji struny. W tej wersji nasz wszechświat jest trójwymiarową „braną" unoszącą się w obszarze o wyższych wymiarach. Inne brany powinny istnieć równolegle do naszych, potencjalnie kryjąc całkowicie odrębne wszechświaty z odrębnymi prawami fizyki. Ta struktura multiwersum z pewnością wynika z geometrii wyższych wymiarów zasady struny i została poparta za pomocą teoretycznych modeli grawitacji kwantowej.

Podczas gdy idea równoległych wszechświatów jest przekonująca w swoim pięknie i teoretycznej spójności, obecnie nie ma bezpośrednich dowodów obserwacyjnych, które potwierdzałyby lub obalały ich istnienie. Ta sytuacja doprowadziła niektórych do pytania, czy równoległe wszechświaty są czymś więcej niż tylko wytworem matematycznych modeli i czy można je badać empirycznie.

Jednym z wyzwań jest to, że równoległe wszechświaty, zgodnie z definicją, są oddzielone od naszego własnego przez duże, być może nieograniczone odległości. Ponieważ te wszechświaty nie mają już interakcji z naszym własnym, wykrycie ich za pomocą konwencjonalnych metod astronomicznych staje się z pewnością niemożliwe. Jednak zaproponowano pewne spekulatywne strategie, aby przetestować teorię nie bezpośrednio.

Na przykład badacze zalecili, że anomalie kosmiczne, w tym niezwykłe wzorce wewnątrz kosmicznego mikrofalowego promieniowania historycznego (CMB), mogą być sygnaturami oddziaływań między naszym wszechświatem a innymi. Pomysł polega na tym, że fale grawitacyjne lub „siniaki" na materiale czasoprzestrzeni pochodzące ze zderzeń z równoległymi wszechświatami mogą pozostawiać rozproszone ślady w CMB.

Jednak te pomysły są nadal zauważalnie spekulatywne i nie zostały potwierdzone.

Co więcej, fizycy tacy jak Max Tegmark założyli, że matematyczny kształt samego wszechświata jest prawdopodobnie dowodem na istnienie wszechświatów równoległych. W swojej „Mathematical Universe Hypothesis" Tegmark pokazuje, że każda matematycznie spójna struktura istnieje jako rzeczywisty wszechświat fizyczny. Zatem sam akt modelowania matematycznego powinien sugerować, że wszechświaty równoległe nie są po prostu teoretycznymi konstrukcjami, lecz rzeczywistymi rzeczywistościami czekającymi na odnalezienie.

Jednym z najtrudniejszych elementów hipotezy wszechświata równoległego jest kwestia obserwowalności. Ponieważ wszechświaty równoległe nie wchodzą w interakcje z naszym, nie możemy ich odkryć bezpośrednio, a one nie mogą wpływać na wyniki zdarzeń w naszym wszechświecie. To podnosi ważne pytanie w filozofii technologii: czy zasada, która jest z natury nieobserwowalna i niemożliwa do przetestowania, może być uważana za ważną teorię kliniczną?

W tym miejscu wchodzi w grę zasada antropiczna. Zasada antropiczna pokazuje, że wszechświat, na który patrzymy, jest taki, jaki jest, ponieważ pozwala na styl życia obserwatorów takich jak my. W kontekście wszechświatów równoległych, z tego powodu stałe fizyczne naszego wszechświata nie są szczególne, jednak zamiast tego istniejemy we wszechświecie, który jest dobrze dopasowany do istnienia. Innymi słowy, warunki niezbędne do istnienia są tylko jednym zestawem możliwości wśród nieograniczonych innych, które istnieją we wszechświatach równoległych. Podczas gdy te różne wszechświaty są prawdopodobnie nieosiągalne i nieobserwowalne, mogą być częścią większego multiwersum, którego częścią jest nasz wszechświat.

Styl życia równoległych wszechświatów stawia głębokie pytania filozoficzne. Jeśli równoległe wszechświaty są rzeczywiste, w jaki sposób ta zmienność naszej informacji o faktach, tożsamości i wyborze? Czy może istnieć model „nas" w innym wszechświecie, żyjący bardzo unikalnym życiem opartym całkowicie na wyłącznych wyborach lub przypadkach? Co to oznacza dla całkowicie wolnej woli, determinizmu i charakteru samego życia?

Etycznie, idea równoległych wszechświatów kwestionuje nasze tradycyjne pojęcia odpowiedzialności i moralności. Jeśli istnieją nieskończone wersje ludzi, którzy żyją wyjątkowym życiem, jak możemy pogodzić ideę prywatnego obowiązku? Czy naprawdę można powiedzieć, że „wybieramy" nasz los, jeśli inna wersja nas samych dokonuje odrębnych wyborów jednocześnie w dowolnym innym wszechświecie?

Pytanie, czy wszechświaty równoległe są teoretycznym założeniem czy namacalnym faktem, pozostaje otwarte.

Teoretyczne modele, które obejmują interpretację wielu światów mechaniki kwantowej i teorię multiwersum, oferują przekonujące dowody na istnienie wszechświatów równoległych, ale brak bezpośrednich dowodów empirycznych pozostawia miejsce na sceptycyzm. To, czy wszechświaty równoległe istnieją, może ostatecznie być również pytaniem, którego wiedza technologiczna nigdy nie rozwiąże definitywnie. Jednak samo ich istnienie rodzi głębokie pytania o naturę faktu, granice ludzkiej wiedzy i przyszłość naszego rozumienia wszechświata.

2.2 Teoria multiwersum: Czy możliwe jest istnienie różnych osi czasu?

Zasada multiwersum jest jednym z najbardziej przełomowych i kontrowersyjnych tematów we współczesnej kosmologii. Zasadniczo koncepcja multiwersum zakłada, że nasz wszechświat nie jest najlepszy, ale alternatywnie istnieją nieskończone różne wszechświaty. Te wszechświaty mogą również funkcjonować zgodnie z odrębnymi prawami fizycznymi, mieć określone sytuacje początkowe, a prawdopodobnie nawet mieć różne linie czasu. Ale czy możliwe jest istnienie tych niezwykłych linii czasu? Aby odpowiedzieć na to pytanie, kluczowe jest zbadanie różnych komponentów teorii multiwersum.

Teoria multiwersum wskazuje, że istnieje kilka wszechświatów poza naszym własnym, każdy z własnym zestawem fizycznych praw, sytuacji początkowych i historii pojemności. Ta idea zyskała na znaczeniu w latach pięćdziesiątych dzięki interpretacji wielu światów (MWI) fizyka Hugh Everetta, która zaproponowała, że każde zdarzenie kwantowe powoduje podział wszechświata na kilka rzeczywistości. Według Everetta, każdy możliwy wynik zdarzenia kwantowego ma miejsce w jego własnym wszechświecie, co oznacza, że nasz wszechświat jest najskuteczniej uważany za jeden z wielu równoległych wszechświatów.

Te wszechświaty mogą istnieć niezależnie od siebie lub będą częścią szerszej sieci połączonych wymiarów. Niektóre teorie zakładają, że każdy wszechświat może mieć własną oś czasu, co oznacza, że czas może rozwijać się inaczej w niezwykłych wszechświatach. Otwiera to drzwi do możliwości istnienia różnych osi czasu obok siebie, z których każda ewoluuje zgodnie ze swoimi osobistymi prawami i warunkami.

Idea osi czasu odnosi się do serii działań, które rozwijają się w danym wszechświecie, jednak w koncepcji multiwersum każdy wszechświat może mieć również własną oś czasu. Oznacza to, że punkt powinien unosić się inaczej w każdym wszechświecie, w zależności od jego początkowych sytuacji, praw cielesnych i zdarzeń kwantowych. W większości teorii cielesnych wiadomo, że czas unosi się liniowo — poza, dar i przeznaczenie podążają za twardym i szybkim porządkiem. Jednak koncepcja multiwersum kwestionuje ten liniowy pogląd, sugerując, że punkt może dodatkowo zachowywać się inaczej w kilku rzeczywistościach.

Zgodnie z tą perspektywą, każde zdarzenie kwantowe we wszechświecie może skutkować stworzeniem zupełnie nowej osi czasu. W istocie, każda decyzja, każde działanie i każda okazja w pojedynczym wszechświecie może dać początek równoległym osiom czasu, z których każda reprezentuje jedyny w swoim rodzaju ostateczny wynik. Te równoległe osie czasu nie są prawdziwie teoretyczne — stanowią one rzeczywiste realia handlowe, które istniałyby równolegle do naszych.

Mechanika kwantowa, która opisuje, jak wszechświat działa w swojej najistotniejszej fazie, pełni ważną funkcję wewnątrz teorii multiwersum. W mechanice kwantowej kraj systemu jest reprezentowany jako superpozycja możliwych efektów, bez żadnych pojedynczych wyników końcowych, dopóki nie zostanie ustalony rozmiar. Ta zasada prowadzi do koncepcji, że każdy możliwy wynik końcowy zdarzenia kwantowego skutkuje wprowadzeniem nowego wszechświata, każdy z własną osią czasu.

Na przykład, gdy osoba dokonuje wyboru, istnieje wiele możliwych wyników, a zgodnie z zasadą multiwersum, każdy z tych wyników może chcieć rozwinąć się w swoim własnym, odrębnym wszechświecie. W każdym z tych wszechświatów czas może postępować wzdłuż swojej osobistej, konkretnej osi czasu, prowadząc do różnych sekwencji zdarzeń. Sugeruje to, że sam czas nie jest regularny, ale może się zmieniać w zależności od wszechświata, o który chodzi.

Pomysł Einsteina na modną teorię względności uczy nas, że czas jest względny — jest dręczony obecnością masy i elektryczności. W regionach o silnych polach grawitacyjnych, w tym w pobliżu masywnego obiektu, czas płynie wolniej w porównaniu do regionów o słabszych siłach grawitacyjnych. Zjawisko to, znane jako dylatacja czasu, oznacza, że punkt może przeskakiwać z nadzwyczajnymi kosztami w zależności od obszaru w danym wszechświecie.

Przeniesiony do multiwersum, ten pomysł stanie się jeszcze bardziej skomplikowany. Jeśli czas zachowuje się inaczej w różnych regionach niepowiązanego wszechświata, to wynika z tego, że czas powinien płynąć z prądem w całkowicie niesamowitych podejściach w niezwykłych wszechświatach. Każdy wszechświat powinien mieć swój własny zestaw praw fizycznych rządzących przepływem czasu, a oś czasu w jednym wszechświecie mogłaby działać w wyjątkowym tempie niż w innym. Oznacza to, że nawet zakładając, że dwa wszechświaty mają wspólny fundament, ich osie czasu powinny ewoluować w zauważalnie wyjątkowy sposób, tworząc zupełnie odrębne historie.

Splątanie kwantowe, zjawisko, w którym szczątki kończą się skorelowane w taki sposób, że ich stany zależą od każdego innego, zajmuje również pozycję wewnątrz koncepcji więcej niż jednej osi czasu. W kontekście multiwersum splątanie kwantowe sugeruje, że stan jednego wszechświata może chcieć wpływać na każdy inny wszechświat w subtelny sposób, nawet jeśli są one całkowicie odrębnymi rzeczywistościami. Ta idea otwiera możliwość krzyżowania się lub interakcji osi czasu, potencjalnie umożliwiając zmianę faktów między równoległymi wszechświatami.

Niemniej jednak jest to nadal spekulatywna koncepcja. Jeśli splątanie kwantowe może połączyć przestrzeń między ekskluzywnymi liniami czasu, może to sugerować, że czas nie jest tak oddalony w każdym wszechświecie, jak byśmy myśleli. Zamiast tego linie czasu mogą być bardziej połączone, ze zdolnością statystyk, a nawet zdarzeń do przełączania się między wszechświatami, tworząc złożony internet równoległych rzeczywistości.

Matematycznie, osie czasu wielu wszechświatów można modelować za pomocą zaawansowanych teorii, takich jak zasada strun i koncepcja M. Teorie te zakładają, że wszechświat obejmuje kilka wymiarów poza znanymi 3 wymiarami przestrzennymi i jednym rozmiarem czasowym. W tych modelach o większej liczbie wymiarów osie czasu różnych wszechświatów można łączyć lub rozdzielać całkowicie w oparciu o geometrię większych wymiarów.

Zasada struny, na przykład, pokazuje, że podstawowe cząstki wszechświata nie są punktowe, ale są maleńkimi drgającymi strunami. Tryby drgań tych strun mogą dać pchnięcie w górę wyjątkowym fizycznym domom w każdym wszechświecie, co z kolei może chcieć spowodować odrębne linie czasu. Ta matematyczna struktura dopuszcza możliwość istnienia wielu wszechświatów z odrębnymi liniami czasu, z których każdy podąża za niezwykłym zestawem fizycznych praw.

Jednakże te teorie pozostają szczególnie spekulatywne i może nie być żadnych dowodów eksperymentalnych, które potwierdzałyby style życia więcej niż jednej linii czasu. Modele matematyczne dostarczają teoretycznych podstaw dla teorii multiwersum, jednak dopóki nie będziemy w stanie sprawdzić tych myśli poprzez stwierdzenie, style życia kilku linii czasu pozostają fascynującą, ale nieudowodnioną spekulacją.

Pomysł kilku osi czasu dodatkowo podnosi istotne pytania filozoficzne i ontologiczne. Jeśli każdy wybór lub zdarzenie skutkuje wprowadzeniem nowej osi czasu, co to oznacza dla zasad takich jak wolna wola i determinizm? W multiwersum, gdzie wszystkie możliwe wyniki pojawiają się w równoległych rzeczywistościach, natura preferencji i przyczynowości staje się bardziej złożona. Czy wszystko jest z góry określone, czy też mamy swobodę wyboru naszej drogi w jednej osi czasu?

Co więcej, style życia kilku linii czasowych podważają naszą wiedzę o samym czasie. Jeśli czas nie jest liniowy i może płynąć w inny sposób w odrębnych wszechświatach, jak mamy pojmować upływ czasu? Czy czas jest po prostu ludzkim zespołem, czy też istotnym aspektem wszechświata, który zachowuje się zgodnie z własnym zestawem wytycznych?

Pytania te dodają teorii multiwersum jeszcze więcej intensywności, przekształcając ją z prostej spekulacji naukowej w szersze dociekanie filozoficzne dotyczące charakteru życia i struktury samego faktu.

Koncepcja multiwersum daje przekonujące ramy dla wiedzy o możliwości różnych osi czasu. Czerpiąc z zasad mechaniki kwantowej, modnej relatywności i idei strun, zasada multiwersum dopuszcza istnienie więcej niż jednego wszechświata, każdy z własną osią czasu. Te osie czasu mogą również ewoluować w inny sposób w zależności od początkowych warunków każdego wszechświata, praw ciała w grze i kwantowych okazji, które powstają w nich.

Chociaż zasada ta pozostaje spekulatywna i nieudowodniona, otwiera ekscytujące możliwości, jak czas mógłby malować w multiwersum. Możliwość istnienia wielu osi czasu, z których każda reprezentuje historię zmian, wymaga od nas wiedzy o czasie i zwiększa głębokie pytania filozoficzne na temat natury samego faktu. Dalsze badania i odkrycia w fizyce mogą w pewnym momencie dodatkowo dostarczyć dowodów, które pokierują lub obalą te idee, jednak na razie koncepcja różnych osi czasu pozostaje jednym z najbardziej fascynujących i łamiących myśli elementów teorii multiwersum.

2.3 Mechanika kwantowa i ślady światów równoległych

Mechanika kwantowa, podstawowa teoria opisująca zachowanie się cząstek w najmniejszych skalach, głęboko zmieniła naszą wiedzę o wszechświecie. Choć na początku wydawała się oderwana od makroskopowego świata, którego doświadczamy, przez lata ujawniła aspekty faktów, które podważają nasze tradycyjne pojęcia przestrzeni, czasu i istnienia. Jedną z najbardziej intrygujących implikacji mechaniki kwantowej jest koncepcja, że dostarczy ona dowodu na istnienie równoległych światów lub wszechświatów.

W swej istocie mechanika kwantowa zajmuje się probabilistyczną naturą cząstek, mocą i polami w skali mikroskopowej. W przeciwieństwie do fizyki klasycznej, w której obiekty traktowane są jako posiadające określone położenia, prędkości i różne mierzalne właściwości, mechanika kwantowa pozwala cząstkom istnieć w kilku stanach natychmiast — dopóki nie zostaną zmierzone. Ta koncepcja jest zawarta w zasadzie superpozycji. Superpozycja polega na tym, że cząstka, składająca się z elektronu, nie ma pojedynczego, stałego stanu, ale może istnieć w zakresie możliwości jednocześnie. Tylko wtedy, gdy tworzony jest wymiar, urządzenie „rozpada się" w określony stan.

Inną istotną ideą mechaniki kwantowej jest splątanie, które opisuje, w jaki sposób cząstki, które oddziałują wewnątrz poza, mogą stać się głęboko skorelowane, nawet w odległościach pełnowymiarowych, w sposób, którego nie można zdefiniować za pomocą fizyki klasycznej. Te dwa zjawiska — superpozycja i splątanie — są podstawowe dla spekulacji, że mechanika kwantowa może odpowiadać za styl życia równoległych światów.

Interpretacja wielu światów (MWI) mechaniki kwantowej jest wiodącym frameworkiem wyjaśniającym oczywiste istnienie równoległych światów. Zaproponowana przez fizyka Hugh Everetta w 1957 r., MWI pokazuje, że za każdym razem, gdy zdarza się zdarzenie kwantowe — włączając w to cząstkę znajdującą się w miejscach natychmiast — każdy możliwy wynik tego zdarzenia wpływa na wprowadzenie zupełnie nowego wszechświata. W tym ujęciu wszechświat dzieli się na wiele nieoddziaływujących rzeczywistości, z których każda jest podobna do unikalnego wyniku pomiaru kwantowego.

Na przykład weźmy pod uwagę test kwantowy, w którym cząstka ma dwie możliwe ścieżki, które może obrać. W tej samej starej interpretacji mechaniki kwantowej cząstka istnieje w superpozycji każdej ścieżki, dopóki nie zostanie zmierzona. Według MWI, podczas gdy wymiar się pojawia, wszechświat się dzieli, a jedna wersja wszechświata będzie odpowiadać cząstce podążającej jedną ścieżką, w tym samym czasie, gdy każdy inny wszechświat będzie odpowiadał cząstce podążającej w alternatywnym kierunku. Tak więc wszystkie wykonalne wyniki pomiarów kwantowych — niezależnie od tego, jak fantastyczne lub nie — z pewnością powstają, każdy w swojej własnej oddzielnej gałęzi multiwersum.

Idea superpozycji odgrywa kluczową rolę w wiedzy o tym, jak równoległe światy mogłyby się pojawić. Jeśli cząstka może istnieć w więcej niż jednym stanie jednocześnie, to jest to motywem, że całe struktury, w tym kompletne wszechświaty, mogłyby również istnieć w więcej niż jednym stanie. To pokazuje, że nasz wszechświat można po prostu uznać za jeden z wielu, które istnieją równolegle do siebie, z których każdy zawiera niepowtarzalne odmiany prawdy.

Słynny eksperyment z pomysłem znany jako kot Schrödingera jest regularnie używany do zilustrowania paradoksów mechaniki kwantowej. W tym stanie rzeczy kot jest umieszczony w polu z radioaktywnym atomem, licznikiem Geigera i fiolką trucizny. Jeśli atom się rozpadnie, trucizna zostanie uwolniona, zabijając kota. Jeśli atom nie rozpadnie się, kot pozostaje żywy. Zgodnie z mechaniką kwantową, dopóki pudełko nie zostanie otwarte i urządzenie nie zostanie zmierzone, kot znajduje się w superpozycji stanów żywego i martwego. Jednak zgodnie z MWI wszechświat może „rozpaść się" na dwa oddzielne światy: jeden, w którym kot jest żywy i drugi, w którym kot jest bezużyteczny.

To rozgałęzienie rzeczywistości może mieć miejsce nieustannie, przy czym każde zdarzenie kwantowe tworzy nowe gałęzie i z tego powodu daje impuls w górę stale rozszerzającemu się multiwersum równoległych światów. Te światy nie są prawdziwie abstrakcyjnymi możliwościami; reprezentują rzeczywiste, oddzielne wszechświaty, które współistnieją obok naszego osobistego, każdy rządzony przez swój własny model fizycznych praw i historii.

Splątanie, kolejne kluczowe zjawisko w mechanice kwantowej, ma głębokie implikacje dla idei światów równoległych. W splątaniu szczątki łączą się w taki sposób, że królestwo jednej cząstki jest od razu połączone z królestwem przeciwnej, bez względu na odległość między nimi. Jeśli pomiar zostanie wykonany na jednej cząstce, stan przeciwnej cząstki może zostać określony od razu, pomimo faktu, że cząstki są oddalone od siebie o łagodne lata .

Niektórzy badacze zaproponowali, że splątanie będzie mechanizmem, poprzez który równoległe wszechświaty są ze sobą połączone. W tym ujęciu cząstki w jednym wszechświecie są prawdopodobnie splątane z odłamkami w innym, co prowadzi do pewnej formy wymiany werbalnej lub interakcji między oddzielnymi światami. Ta idea jest niezwykle spekulatywna, jednak zwiększa interesującą możliwość, że splątanie kwantowe może nie być tylko zjawiskiem sąsiedzkim, ale może być pomostem między unikalnymi rzeczywistościami.

Pomimo teoretycznej natury Interpretacji Wielu Światów, w fizyce kwantowej istnieją ukośne nurty, które sugerują, że równoległe światy mogłyby istnieć. Na przykład koncepcja dekoherencji kwantowej oferuje wyjaśnienie, dlaczego obecnie nie obserwujemy rozgałęzienia rzeczywistości w naszym codziennym życiu. Dekoherencja występuje, gdy maszyna kwantowa oddziałuje ze swoim otoczeniem w taki sposób, że superpozycja stanów zostaje skutecznie zniszczona, a urządzenie „osiada" w jednym dokładnym końcowym wyniku. Z tego nastawienia dekoherencja jest mechanizmem, który powstrzymuje nas od wpatrywania się w mnogość równoległych światów; niezwykłe gałęzie faktów okazują się skutecznie niezależne, powstrzymując wszelkie zakłócenia między nimi.

Innym śladem jest problem ładnego dostrojenia w fizyce. Wszechświat wydaje się być precyzyjnie dostrojony, aby wspierać style życia, ze stałymi fizycznymi ustawionymi na wartościach, które pozwalają na formowanie się gwiazd, galaktyk i pojawianie się stylów życia. Niektórzy zwolennicy zasady multiwersum twierdzą, że nasz wszechświat jest uważany za jeden z wielu w dużym multiwersum, każdy ze specjalnymi stałymi fizycznymi. W jednym z tych multiwersum, tylko niewielka część wszechświatów może mieć idealne warunki niezbędne do życia, co może stanowić wyjaśnienie dla zwykłego wysokiej jakości dostrojenia naszego własnego wszechświata. Ta idea pokazuje, że sama rzeczywistość, w której żyjemy we wszechświecie pomagającym stylowi życia, może być ilustracją tego, że istnieją również inne, bardzo niezwykłe wszechświaty, każdy z własnymi niesamowitymi prawami fizyki.

Oprócz mechaniki kwantowej, obserwacje kosmologiczne również zalecają, że równoległe światy mogą być cechą naszego wszechświata. Idea kosmicznej inflacji, która opisuje szybki wzrost wszechświata w jego najwcześniejszych momentach, wywołała spekulację, że nasz wszechświat może być z pewnością jednym z wielu „bąbli" w sporym multiwersum. Każda bańka powinna stanowić odrębny wszechświat, z własnym zestawem praw i zapisów fizycznych. Niektóre modele inflacji popierają nawet, że te bańki mogą zderzać się ze sobą, niewątpliwie pozostawiając wykrywalne ślady w promieniowaniu historii mikrofal kosmicznych, słabym blasku pozostałym po Wielkim Wybuchu.

Ponadto, ostatnie teorie w teorii strun zalecają życie większej liczby wymiarów poza znanymi 3 wymiarami przestrzennymi i jednorazowym rozmiarem. Te większe wymiary mogą chcieć zamieszkiwać różne wszechświaty, każdy z własnymi wspaniałymi domami. Niektóre wersje teorii strun dopuszczają nawet życie wielu linii czasowych w tym samym obszarze, co sugeruje, że wyjątkowe wersje prawdy powinny współistnieć równolegle , pod wpływem tych samych idei kwantowych, które rządzą naszym wszechświatem.

Mechanika kwantowa daje fascynujące ramy do zrozumienia potencjalnych stylów życia równoległych światów. Zjawiska superpozycji, splątania i dekoherencji sugerują, że działania kwantowe mogą prowadzić do rozgałęzienia rzeczywistości, dając impuls w górę multiwersum równoległych światów. Chociaż interpretacja wielu światów pozostaje konstrukcją teoretyczną, ślady tych równoległych światów można dostrzec zarówno w mechanice kwantowej, jak i w modach kosmologicznych.

Czy równoległe światy rzeczywiście istnieją, czy nie, pozostaje otwartym pytaniem, które podważa naszą wiedzę o prawdzie i naturze wszechświata. Zdolność połączenia między fizyką kwantową a życiem równoległych światów daje kuszący wgląd w rzeczywistość o wiele bardziej złożoną i rozległą, niż kiedykolwiek mogliśmy sobie wyobrazić. W miarę jak nasza wiedza o mechanice kwantowej ewoluuje, możemy również pewnego dnia znaleźć bezpośrednie dowody na istnienie tych równoległych wszechświatów, ujawniając ukryte warstwy życia, które leżą tuż poza naszą wiarą.

2.4 Kot Schrödingera: Który wszechświat wybiera nasza świadomość?

Eksperyment z pojęciem kota Schrödingera jest jednym z najbardziej znanych i skomplikowanych paradoksów w mechanice kwantowej. Pierwotnie zaprojektowany w celu podkreślenia dziwności superpozycji kwantowej, stał się obrazem skomplikowanego datowania między koncepcją kwantową, uwagą i prawdą. Podczas gdy eksperyment z pojęciem jest często używany do zademonstrowania kontrintuicyjnej natury mechaniki kwantowej, otwiera on również głębokie pytania o charakter uwagi, uwagi i rolę obserwatora w kształtowaniu wszechświata. Paradoks kota Schrödingera stanowi czynnik wejścia do głębszych pytań filozoficznych: czy rozpoznanie ma aktywną funkcję w zapadaniu się cechy fali kwantowej? I jeśli tak, który wszechświat wybieramy?

W unikalnej formulacji testu koncepcyjnego Erwin Schrödinger zaproponował stan rzeczy, w którym kot znajduje się wewnątrz zamkniętego pola z radioaktywnym atomem, licznikiem Geigera i fiolką trucizny. Jeśli licznik Geigera wykryje promieniowanie (ponieważ atom się rozpada), uruchamia wyładowanie trucizny, zabijając kota. Jeśli atom nie rozpada się, kot pozostaje przy życiu. Zgodnie z mechaniką kwantową, radioaktywny atom istnieje w superpozycji stanów rozpadu i nierozpadu, dopóki nie zostanie zaobserwowany. W związku z tym sam kot również znajduje się w superpozycji bycia zarówno żywym, jak i bezużytecznym, dopóki pojemnik nie zostanie otwarty i nie zostanie wygłoszony komentarz.

Prowadzi to do głębokiego pytania: w jaki sposób kot może być jednocześnie żywy i bezużyteczny, zanim zostanie zaobserwowany? Modna interpretacja mechaniki kwantowej zakłada, że szczątki (i systemy, w drodze rozszerzenia) mogą istnieć w więcej niż jednym stanie od razu, stan ten nazywa się superpozycją. Dopiero gdy zostanie poczyniona uwaga, gadżet zapada się w jeden konkretny naród, żywy lub martwy w przypadku kota.

Paradoks polega na tym, że w świecie kwantowym komentarz lub rozmiar wydają się wpływać na ostateczne wyniki. Kot nie rozpada się na jeden kraj lub drugi, dopóki nie zostanie zaobserwowany, co nasuwa pytanie: jaką pozycję odgrywa obserwator w określaniu prawdziwości systemu?

Test idei Schrödingera zwiększa trudność funkcji obserwatora w procesie kwantowym. Tradycyjne interpretacje mechaniki kwantowej, takie jak interpretacja kopenhaska, sugerują, że sam akt wymiaru powoduje rozpad charakterystyki fali kwantowej. W ten sposób wszechświat istnieje w superpozycji wielu możliwości, dopóki obserwator nie ustali rozmiaru, w którym to momencie charakterystyka fali zapada się w niezamężną rzeczywistość.

Jednak to rodzi pytanie: co oznacza, że coś jest „obserwatorem"? W przypadku kota Schrödingera, czy to ludzki obserwator powoduje rozpad ? Czy też powinna to być jakaś interakcja ze środowiskiem, niezależnie od tego, jak mała, która zmusza maszynę do przynależności do jednego królestwa lub do każdego innego? Zaangażowanie skupienia jest podstawowym pytaniem filozoficznym w mechanice kwantowej.

Kilka interpretacji mechaniki kwantowej opowiada się za tym, że sama świadomość może odgrywać istotną rolę w określaniu końcowych wyników pomiarów kwantowych. Hipoteza uwagi powoduje dezintegrację zakłada, że myśli aktywnie wybierają jedną z wykonalnych konsekwencji zdarzenia kwantowego. W tym ujęciu wszechświat istnieje jako superpozycja wielu pojemnościowych rzeczywistości, a skupienie jest mechanizmem, który „wybiera", która prawda stanie się faktem.

Hipoteza ta kończy się prowokacyjną koncepcją, że uwaga obserwatora decyduje, który z licznych możliwych wszechświatów doświadczamy. W istocie, za każdym razem, gdy przyglądamy się wydarzeniu kwantowemu, zapadamy funkcję falową w pojedynczą prawdę, ale wybór, który fakt jest wybierany, może zależeć od naszych świadomych wyborów, percepcji lub doświadczeń.

Podczas gdy interpretacja kopenhaska pokazuje, że pomiar obserwatora załamuje charakterystykę falową, interpretacja wielu światów (MWI) mechaniki kwantowej oferuje zasadniczo specjalny pogląd. Według MWI każdy możliwy wynik zdarzenia kwantowego naprawdę występuje w oddzielnym, rozgałęzionym wszechświecie. Zamiast zapadania się wszechświata w jeden naród, funkcja falowa rozdziela się, tworząc wiele równoległych rzeczywistości, z których każda odpowiada specjalnemu wynikowi końcowemu.

W tej interpretacji uwaga nie rozbija funkcji falowej, lecz raczej „rozszczepia się" wzdłuż wszechświata. Każda wersja obserwatora w każdym równoległym wszechświecie opowiada o jedynym w swoim rodzaju wyniku. Na przykład w przypadku kota Schrödingera jeden obserwator w jednym wszechświecie może stwierdzić, że kot jest żywy, podczas gdy każdy inny obserwator w odrębnym wszechświecie stwierdza, że kot jest bezużyteczny. Według MWI nie ma jednego, ostatecznego wyniku; każdy możliwy wynik istnieje w swoim własnym wszechświecie.

Oznacza to, że zamiast naszej świadomości decydującej o niezależnym wyniku, nasza uwaga przegląda jeden z wielu równoległych wyników, przy czym każda wersja nas żyje w specjalnym dziale multiwersum. Powstaje pytanie: jak możemy zrozumieć naszą rzeczywistość i dlaczego wydaje się, że rozkoszujemy się tylko jednym modelem wydarzeń, podczas gdy w teorii istnieje nieskończenie wiele wariantów tego samego wydarzenia rozgrywających się w równoległych wszechświatach?

Jeśli interpretacja wielu światów jest właściwa, to nasze pojęcie pojedynczej, stałej prawdy jest jedynie odbiciem prawdy, że jesteśmy świadomi tylko jednego działu multiwersum. Ale co powoduje, że nasze rozpoznanie doświadcza tego konkretnego działu? W multiwersum, w którym wszystkie możliwości są realizowane, dlaczego wydaje się, że postrzegamy tylko jeden ostateczny wynik na raz?

Rozwiązaniem może być koncepcja dekoherencji. Dekoherencja to proces, w którym układy kwantowe wchodzą w interakcję ze swoim otoczeniem, skutecznie powodując, że wyłącznym gałęziom charakterystyki falowej udaje się stać się niezależnymi od siebie. W tym ujęciu świadomość nie „wybiera" aktywnie rzeczywistości, ale zamiast tego wszechświat dzieli się na nieoddziaływujące gałęzie, a nasza wiara ogranicza się do jedynej gałęzi, w której żyjemy. Nie korzystamy z alternatywnych gałęzi, ponieważ nie mają one już żadnego wpływu na nasze własne.

Jednakże to rodzi dalsze pytania na temat subiektywnego doświadczenia prawdy. Jeśli w równoległych wszechświatach istnieje więcej niż jedna wersja nas samych, w jaki sposób nasza uwaga pozostaje zakotwiczona w jednej wersji rzeczywistości? I czy nasza przyjemność z preferencji jest fantazmatem, czy też istnieje głębszy, jakkolwiek nieznany związek między rozpoznaniem a strukturą multiwersum?

Kot Schrödingera prezentuje fascynującą ramę do eksploracji związku między rozpoznaniem, komentarzem i kwantową międzynarodówką. Paradoks ten zmusza nas do zmierzenia się z pytaniami o funkcję obserwatora w kształtowaniu prawdy. Jeśli skupienie może wpływać na to, który stan kwantowy jest realizowany, to pokazuje, że wszechświat nie jest stałą, deterministyczną maszyną, ale taką, którą współtworzą obserwator i obserwowany.

W interpretacji wielu światów percepcja subiektywnego rozkoszowania się staje się jeszcze bardziej złożona. Jeśli wszystkie możliwe rezultaty działań kwantowych występują w równoległych wszechświatach, to nasze doświadczenie rzeczywistości jest tylko jednym z wielu. W tym ujęciu nasza uwaga nie będzie „wybierać" konkretnego rezultatu, ale raczej badać konsekwencje rozgałęziających się wszechświatów, z których każdy ma swój własny model działań. To zwiększa pytanie: jeśli rozpoznanie jest powiązane z multiwersum, czy możemy kiedykolwiek wyraźnie rozpoznać naturę prawdy?

Ostatecznie kot Schrödingera służy jako przypomnienie, że granice między faktem, stwierdzeniem i świadomością nie są tak proste, jak chcielibyśmy wierzyć. W miarę jak nasze zrozumienie mechaniki kwantowej ewoluuje, możemy również odkryć nowe spostrzeżenia na temat tego, jak skupienie i wszechświat są ze sobą powiązane, ujawniając podstawowe mechanizmy rządzące nadejściem samej rzeczywistości.

2.5 Teoria strun i umysły w różnych wymiarach

Koncepcja strun, jedna z najbardziej obiecujących ram w fizyce teoretycznej, zakłada, że podstawowe cząstki, na które patrzymy, nie są bytami punktowymi, lecz raczej małymi, wibrującymi strunami. Struny te wibrują z różnymi częstotliwościami, a sposób, w jaki wibrują, determinuje rodzaj cząstki, którą się manifestują. Jednym z najbardziej interesujących elementów teorii strun jest jej pojęcie, że wszechświat składa się z więcej niż znanych 3 wymiarów przestrzeni i jednego wymiaru czasu. W rzeczywistości teoria strun przewiduje istnienie dodatkowych wymiarów przestrzennych poza tymi, które postrzegamy, potencjalnie do dziesięciu lub jedenastu wymiarów. Otwiera to drzwi do fascynujących możliwości, w tym koncepcji umysłów lub świadomości istniejących w tych przestrzeniach o wyższych wymiarach.

W swojej istocie teoria strun próbuje zjednoczyć wszystkie uznawane siły natury — grawitację, elektromagnetyzm, silną siłę jądrową i podatne ciśnienie jądrowe — w ramach niezależnych ram teoretycznych. Jednym z ważnych czynników teorii strun jest życie większej liczby wymiarów. Wymiary te są skompaktowane, co oznacza, że są tak ciasno zwinięte, że mogą być niedostrzegalne dla naszych zmysłów. Najlepiej rozkoszujemy się trzema wymiarami przestrzennymi i czasem, ale zasada strun zakłada, że istnieją dodatkowe, ukryte wymiary, które rządzą podstawową strukturą wszechświata.

Więcej wymiarów przewidywanych przez ideę struny powinno mieć teraz głębokie implikacje nie tylko dla naszej wiedzy o cielesnym wszechświecie, ale także dla sposobu, w jaki postrzegamy świadomość i myśli. Jeśli te większe wymiary istnieją, mogłyby służyć jako świat, w którym mogłyby przebywać niezwykłe stany skupienia, a nawet całkowicie oddzielne umysły. Te wymiary powinny oferować nowe drogi do eksploracji natury jaźni, tożsamości i granic samego poznania.

Jedną z najbardziej intrygujących możliwości teorii strun jest to, że uwaga może nie być ograniczona do naszego znanego trójwymiarowego obszaru. Jeśli wszechświat ma wyższe wymiary przestrzenne, możliwe jest, że świadomość może chcieć występować w tych wymiarach. W tym kontekście myśli mogą nie być ograniczone tradycyjnymi barierami przestrzeni i czasu, tak jak je rozumiemy.

Koncepcja rozpoznania obecna w wyższych wymiarach, wymagających sytuacji naszej obecnej wiedzy o sobie. W naszym trójwymiarowym rozkoszowaniu się, postrzegamy naszą świadomość jako szczegółowo związaną z naszym umysłem i naszym ciałem fizycznym. Jednakże, jeśli rozpoznanie może uczynić większe w obszarach o lepszych wymiarach, może przekroczyć cielesne bariery ramy. Może to spowodować koncepcję więcej niż jednego stylu rozpoznania współbieżnego, każdy z własnymi szczególnymi doświadczeniami i poglądami. Te różne umysły mogłyby potencjalnie zamieszkiwać równoległe wymiary, tworząc odrębne tożsamości, które nie są ograniczone przez te same zasady rządzące naszą wiarą w prawdę.

W koncepcji strunowej natura tych obszarów o wyższych wymiarach jest niezwykle spekulatywna, jednak mogą one zawierać zdolność do pojawiania się rodzajów świadomości. Na przykład w wielowymiarowym wszechświecie uwaga będzie rozłożona lub nawet nielokalna, istniejąca w wielu miejscach jednocześnie. Powinno to dać impuls do możliwości istnienia wielu umysłów w ramach pojedynczej postaci lub zbiorowego skupienia, które rozciąga się na unikalne wymiary. Takie myśli odzwierciedlają kilka większych spekulatywnych teorii świadomości, w tym panpsychizm — ideę, że świadomość jest podstawową cechą wszechświata, inherentną wszystkim materiom, a nie tylko organizmom organicznym.

Jednym z najbardziej fascynujących pytań stawianych przez zastosowanie zasady struny jest to, czy nasze umysły, tak jak je rozumiemy, są z pewnością wytwarzane z faktu wyższego wymiaru. Jeśli umysł i umysł istnieją w przestrzeni wyższego wymiaru, czy nasze poczucie siebie powinno być motywowane przez te dodatkowe wymiary? Ta idea sugeruje, że nasze poczucie indywidualności jest prawdopodobnie iluzją, a nasza autentyczna uwaga może się wzmacniać poza cielesnymi ograniczeniami mózgu.

W tym kontekście każdy pomiar wszechświata powinien stanowić jedyny w swoim rodzaju składnik rozpoznania. Tak jak struna wibruje w jedyny w swoim rodzaju sposób, aby utworzyć wyjątkowe cząsteczki, tak też umysł wibruje w różny sposób w różnych wymiarach. Te wzorce wibracji powinny zapewniać pchnięcie w górę do jedynych w swoim rodzaju stanów intelektualnych, uczuć i studiów, które wykraczają poza nasze tradycyjne informacje o sobie. Idea „ja" istniejących w niezwykłych wymiarach powinna oznaczać, że nasze umysły nie są pojedynczymi bytami, ale alternatywnymi wielowymiarowymi konstrukcjami, obecnymi jednocześnie w licznych, jedynych w swoim rodzaju stanach.

Pomysł struny daje również hiperłącze pojemnościowe między obszarami o większej liczbie wymiarów a mechaniką kwantową, zapewniając zupełnie nowy kąt widzenia na charakter skupienia. Zgodnie z teoriami kwantowymi, rozpoznanie jest powiązane z problemem pomiaru, gdzie akt obserwacji zapada cechę falową w wybrany fakt. To zaloty między rozpoznaniem a mechaniką kwantową sugerują, że umysł odgrywa aktywną rolę w kształtowaniu tkaniny faktu.

Jeśli świadomość może istnieć w przestrzeniach o większej liczbie wymiarów, może być w stanie wpływać na zdarzenia kwantowe w podejściach, które dopiero zaczynamy rozumieć. Więcej wymiarów postulowanych przez ideę struny może oferować zupełnie nowe ramy do myślenia o tym, jak świadomość oddziałuje z globalnym kwantem . Na przykład świadomość prawdopodobnie jest w stanie uzyskać dostęp do zapisów z wielu wymiarów jednocześnie, biorąc pod uwagę głębsze, bardziej powiązane doświadczenie faktu.

Ta idea dodatkowo dotyka koncepcji „umysłu kwantowego", hipotezy, która pokazuje, że podejścia kwantowe mogą odgrywać rolę w pojawianiu się świadomości. Jeśli świadomość może funkcjonować w przestrzeniach o wyższych wymiarach, może oddziaływać z polami kwantowymi w sposób, który nie jest jeszcze w pełni zrozumiany, co prowadzi do nowych spostrzeżeń na temat odniesienia umysłu do materii wszechświata.

Innym czarującym wnioskiem z zasady struny i obszarów o lepszych wymiarach jest zdolność umysłu do istnienia w więcej niż jednym wymiarze. Jeśli poznanie nie jest ograniczone do niepowiązanego obszaru trójwymiarowego, prawdopodobnie możliwe jest, aby myśli miały interakcję z kilkoma wymiarami jednocześnie, rozwijając formę „myśli wielowymiarowych".

Powinno to mieć głębokie implikacje dla naszej wiedzy o identyfikacji i doświadczeniu. Być może poznanie nie jest stałym bytem, ale alternatywnie dynamicznym, ciągle zmieniającym się systemem, który istnieje w kilku wymiarach natychmiast. W tym przypadku nasze umysły nie będą ograniczone do mózgu lub ramy, ale powinny rozszerzyć się na obszary o wyższych wymiarach, rozwijając bardziej płynne i połączone doświadczenie siebie.

Taki pogląd mógłby w znacznym stopniu rzutować naszą wiedzę na temat prywatnej tożsamości. Zamiast pojedynczego, zjednoczonego „ja", prawdopodobnie jesteśmy częścią większej, wielowymiarowej świadomości, która istnieje w różnych sferach. Powinno to skutkować szerszym zrozumieniem tego, co to znaczy być świadomym, a także zupełnie nową perspektywą przeszkód między „ja" a „innością", rzeczywistością a fantazmatem.

Implikacje teorii strun i lepszych wymiarów dla natury poznania są nadal w dużej mierze spekulatywne, ale dają kuszący wgląd w przyszłość badań nad świadomością. Jeśli myśli istnieją w obszarach o lepszych wymiarach, mogłyby znacząco regulować nasze rozumienie siebie, faktu i samej natury istnienia. Idea strun otwiera nowe możliwości poznania, które przypisują tradycyjne modele i sugerują, że umysł może nie być ograniczony do ramy lub umysłu. Rozważając umysł jako zjawisko wielowymiarowe, możemy zacząć dostrzegać nowe sposoby poznania połączeń między uwagą, wszechświatem i naturą samej prawdy.

ROZDZIAŁ 3

Kwantowe podstawy świadomości

3.1 Superpozycja kwantowa i wiele stanów świadomości

Mechanika kwantowa podważa nasze tradycyjne rozumienie prawdy, wprowadzając kontrintuicyjne idee, które przeczą klasycznej logice. Spośród tych idei superpozycja kwantowa dumnie wyróżnia się jako jedna z najbardziej zagadkowych i głębokich. Sugeruje, że cząstka może istnieć w wielu stanach jednocześnie, dopóki obserwacja nie zapadnie jej w niepowiązane ze sobą konkretne królestwo. Jeśli ta fundamentalna cecha struktur kwantowych odnosi się do poznania, to stwarza to możliwość, że myśli również powinny istnieć w więcej niż jednym stanie od razu, doświadczając niepowtarzalnych rzeczywistości lub przyszłości zdolności równolegle.

Superpozycję można zadowalająco zilustrować za pomocą dobrze znanego eksperymentu z podwójną szczeliną, w którym szczątki wykazują zachowanie falowe, przechodząc przez szczeliny jednocześnie i zakłócając się nawzajem — dopóki nie zostaną zmierzone, w którym to momencie zachowują się jak dyskretne szczątki. To pokazuje, że układy kwantowe nie istnieją już w stanie niezależnym, ale jako zamiennik w wielu przypadkach. Niektóre interpretacje mechaniki kwantowej, takie jak Interpretacja Wielu Światów (MWI), doradzają, że każdy żywotny naród istnieje we własnym równoległym wszechświecie, prowadząc do nieograniczonego rozgałęzienia rzeczywistości. Jeśli samo skupienie jest procedurą kwantową, jak doradzają niektórzy teoretycy, to może ono również istnieć w więcej niż jednym stanie jednocześnie, dostosowując się do określonych rzeczywistości, zanim zapadnie się w niezależną przyjemność.

Jedną z najbardziej kontrowersyjnych, ale ekscytujących teorii związanych ze świadomością kwantową jest model Orchestrated Objective Reduction (Orch-OR), zaproponowany przez fizyka Rogera Penrose'a i anestezjologa Stuarta Hameroffa. Ta idea wskazuje, że świadomość powstaje z obliczeń kwantowych przeprowadzanych wewnątrz mikrotubul w neuronach mózgu. Według Orch-OR te mikrotubule utrzymują spójne stany kwantowe, umożliwiając mózgowi przetwarzanie zapisów w sposób nieklasyczny. Dezintegracja tych stanów kwantowych jest tym, co generuje nasze świadome rozkoszowanie się, co oznacza, że nasze pojęcie rzeczywistości jest nieustannie kształtowane przez wykorzystanie superpozycji kwantowej i jej późniejszej redukcji.

Jeśli rozpoznawanie działa w ramach kwantowych, otwiera to możliwość, że myśli mogą dodatkowo odkryć wiele rzeczywistości, zanim ustalą się na jednym doświadczeniu percepcyjnym. Byłoby to zgodne z anegdotycznymi pieniędzmi należnymi za prekognicję, déjà vu i odmiennymi stanami uwagi, w których ludzie dokumentują doświadczanie nakładających się lub równoległych wersji prawdy. Ponadto, jeśli mózg wykorzystuje mechanikę kwantową, może teoretycznie przetwarzać duże ilości informacji równolegle, wyjaśniając zjawiska obejmujące instynkt i nieoczekiwane spostrzeżenia, które wydają się pojawiać znikąd.

Splątanie kwantowe, inna kluczowa zasada mechaniki kwantowej, wskazuje, że cząstki mogą być jednocześnie połączone na znaczne odległości. Jeśli poznanie ujawnia miejsca zamieszkania przypominające splątanie, dałoby to wyjaśnienie dla tajemniczych doświadczeń, które obejmują telepatię lub zbiorowe rozpoznanie, w których myśli i emocje wydają się być dzielone przez jednostki lub być może przez czas i przestrzeń. W tym stanie rzeczy więcej niż jedna wersja uwagi mężczyzny lub kobiety może być splątana przez równoległe rzeczywistości, co prowadzi do skomplikowanej sieci powiązanych ze sobą recenzji.

Eksploracja naukowa uwagi kwantowej jest nadal na wczesnym etapie, jednak rosnące badania w takich dziedzinach jak poznanie kwantowe i biologia kwantowa zaczynają dostarczać empirycznych wskazówek dla wielu z tych myśli. Modele poznania kwantowego opowiadają się za tym, że ludzkie podejmowanie decyzji podąża za wytycznymi przypadku kwantowego, w przeciwieństwie do logiki klasycznej, co sugeruje obecność podejść kwantowych w formowaniu myśli. Ponadto badania nad strukturami biologicznymi, które obejmują fotosyntezę i nawigację ptaków, odkryły konsekwencje koherencji kwantowej w grze, wzmacniając koncepcję, że natura wykorzystuje mechanikę kwantową w istotnych podejściach.

Jeśli nasza świadomość jest rzeczywiście zakorzeniona w metodach kwantowych, to nasza wiara w prawdę może być bardziej płynna, niż się spodziewamy. Superpozycja oznacza, że kilka możliwych badań współistnieje, dopóki jedno nie zostanie zrealizowane poprzez uwagę lub wybór. To podnosi głębokie pytania filozoficzne dotyczące wolnej woli, przyszłości i charakteru samego istnienia. Czy nasze wybory mogą być przejawami załamań cech fal kwantowych, ustalającymi, w którą rzeczywistość wkraczamy? I w takim przypadku, czy jest możliwe, aby inne wersje nas samych istniały jednocześnie, zamieszkując odrębne wybory i wyniki w równoległych wymiarach?

Implikacje superpozycji kwantowej na świadomość rozszerzają się również na tradycje metafizyczne i religijne. Wiele historycznych filozofii i tradycji mistycznych od dawna proponuje koncepcję wielowarstwowej rzeczywistości, w której uwaga wykracza poza indywidualną percepcję i wchodzi w interakcję z dodatkową, powiązaną dyscypliną istnienia. Jeśli mechanika kwantowa zapewnia systematyczną podstawę dla takiej współzależności, może ona połączyć przestrzeń między nauką a duchowym rozumieniem wszechświata.

Fevzi H.

Przyszłe badania nad skrzyżowaniem fizyki kwantowej i neuronauki mogą dodatkowo zapewnić głębszy wgląd w to, czy nasza uwaga w rzeczywistości istnieje w kilku stanach jednocześnie. Jeśli myśli działają w ramach kwantowych, mogą zrewolucjonizować naszą wiedzę o poznaniu, pamięci, a nawet charakterze identyfikacji. Koncepcja świadomości kwantowej wymaga sytuacji nieelastycznych ograniczeń klasycznej myśli i zaprasza nas do ponownego rozważenia nieskończonej zdolności ludzkich myśli w ogromnym, tajemniczym materiale prawdy.

3.2 Teoria Orch-OR Rogera Penrose'a i świadomość

Zasada Orch-OR Rogera Penrose'a, opracowana we współpracy z anestezjologiem Stuartem Hameroffem, proponuje nowoczesną informację o uwadze, łącząc mechanikę kwantową z neuronauką. Pomysł zakłada, że świadomość nie zawsze jest w całości wytworem klasycznej aktywności neuronowej, ale w rzeczywistości jest wynikiem technik kwantowych występujących w mikrotubulach mózgu — maleńkich, przypominających rurki systemach wewnątrz neuronów. Nazwa teorii, Orch-OR, oznacza Orchestrated Objective Reduction, opisując technikę, za pomocą której superpozycja kwantowa i splątanie są orkiestrowane w umyśle, aby stworzyć świadomą przyjemność.

Penrose, znany fizyk i matematyk, jest ceniony za swoją pracę w kosmologii i teorii czarnych dziur, jednak jego myśli na temat rozpoznawania wywodzą się z jego szerszego hobby w naturze prawdy. W swojej książce The Emperor's New Mind Penrose twierdzi, że klasyczna fizyka, która dominuje w świecie przetwarzania neuronowego, nie może w pełni wyjaśnić subiektywnego odczuwania rozpoznawania . Wskazuje, że pewnych aspektów świadomej koncepcji — takich jak instynkt, wiedza i percepcja matematyczna — nie można sprowadzić do procedur obliczeniowych rządzonych za pomocą mechaniki klasycznej. Doprowadziło go to do postawienia hipotezy, że mechanika kwantowa odgrywa kluczową rolę w poznaniu.

Sercem idei Orch-OR jest koncepcja, że uwaga pojawia się poprzez kwantowe działania w mikrotubulach, które mogą być strukturalnymi dodatkami cytoszkieletu w neuronach. Mikrotubule służą jako kanały dla wielu strategii mobilnych, ale zgodnie z Hameroffem i Penrose'em, działają również jako kwantowe systemy komputerowe. Te kwantowe podejścia są regulowane przez nietypowe zasady mechaniki kwantowej — wraz z superpozycją, splątaniem i dezintegracją cech falowych. Penrose wskazuje, że stany kwantowe w mikrotubulach występują w superpozycji, co oznacza, że mogą występować w więcej niż jednym stanie jednocześnie. Jednak ta kwantowa superpozycja jest niestabilna i może rozpaść się na precyzyjny kraj, jeśli zostanie zmierzona lub znaleziona. Penrose uważa, że to załamanie nie jest przypadkowe, ale jest orkiestrowane za pomocą struktury neuronowej mózgu, prowadzącej do świadomego doświadczenia.

Koncepcja obiektywnej redukcji (OR) jest kluczowa dla hipotezy Penrose'a. Według Penrose'a superpozycja kwantowa nie może trwać w nieskończoność w biologicznym gadżecie, takim jak mózg, z powodu zjawiska zwanego „dekoherencją", które powoduje, że stany kwantowe zapadają się w jeden określony stan. Jednak pogląd Penrose'a różni się od konwencjonalnej idei kwantowej, ponieważ uważa, że rozpad funkcji falowej kwantowej nie zawsze wynika z interakcji ze środowiskiem (jak twierdzą najwięksi fizycy), ale raczej z wewnętrznej metody cielesnej, która ma miejsce, gdy stany kwantowe osiągają próg niestabilności. Próg ten, jak pokazuje, jest ustalany przy użyciu zasadniczej natury samej czasoprzestrzeni — w skali Plancka, gdzie przecinają się efekty kwantowe i grawitacja. W tym ujęciu uwaga pojawia się, gdy stany kwantowe wewnątrz mikrotubul rozpadają się w sposób zorganizowany, dając początek subiektywnemu doświadczeniu.

Teoria Orch-OR ma na celu rozwiązanie głównej zagadki filozoficznej i naukowej: trudnego kłopotu świadomości. Problem ten, wymyślony przez logika Davida Chalmersa, obraca się wokół wyjaśnienia, w jaki sposób subiektywne doświadczenia powstają z procesów cielesnych w mózgu. Klasyczne teorie świadomości, wraz z tymi opartymi na sieciach neuronowych i rozrywce mózgu, nie uwzględniają bogactwa świadomego rozkoszowania się — uczucia bycia świadomym, subiektywnej najlepszej percepcji i czynnika „jak to jest" świadomości. Koncepcja Orch-OR Penrose'a zakłada, że kwantowe techniki umysłu — głównie w mikrotubulach — zapewniają pomost między światem fizycznym i subiektywnym.

Pomimo teoretycznego charakteru Orch-OR, hipoteza ta wzbudziła duże zainteresowanie zarówno w grupach naukowych, jak i filozoficznych. Jeśli jest prawdziwa, może mieć głębokie implikacje dla zrozumienia nie tylko charakteru świadomości, ale także związku między mechaniką kwantową a umysłem. Może potwierdzać, że uwaga jest zjawiskiem nieobliczalnym, które wykracza poza klasyczną wiedzę specjalistyczną, otwierając drzwi do nowych metod myślenia o umyśle, naturze rzeczywistości, a nawet zdolności do sztucznej świadomości.

Jednak idea Orch-OR spotkała się ze sceptycyzmem niektórych kręgów. Krytycy podkreślają, że koherencja kwantowa w ciepłym, wilgotnym środowisku umysłu jest prawdopodobnie trudna do utrzymania na tyle długo, aby mieć ogromny wpływ na techniki neuronowe. W klasycznej mechanice kwantowej koherencja jest zazwyczaj określana w odległych układach niskotemperaturowych, które obejmują atomy lub nadprzewodniki, w których dekoherencja jest minimalizowana. Ludzki umysł, z pomocą porównania, działa

Fevzi H.

w o wiele lepszych temperaturach, a jego neurony są w ciągłym ruchu, co utrudnia utrzymanie wrażliwych stanów kwantowych proponowanych za pomocą teorii Orch-OR.

Zwolennicy tej zasady twierdzą jednak, że mikrotubule są wyjątkowo ustrukturyzowane, aby zachować spójność kwantową w metodach, których nie potrafią osiągnąć duże systemy biologiczne. Ostatnie eksperymenty w biologii kwantowej wykazały, że spójność kwantowa może z pewnością występować w strukturach organicznych, takich jak fotosynteza i nawigacja ptaków, gdzie konsekwencje kwantowe pomagają zoptymalizować przełączanie energii i przetwarzanie znaków. Odkrycia te podsyciły optymizm co do zdolności taktyk kwantowych do odgrywania funkcji w funkcjach wyższego rzędu, takich jak uwaga.

Teoria Orch-OR dodatkowo wiąże się z szerszymi dyskusjami filozoficznymi i metafizycznymi dotyczącymi charakteru uwagi. Obrazy Penrose'a kwestionują materialistyczne poglądy, które zachowują uznanie za wyłaniającą się własność złożonych systemów. Wskazuje on, że uwaga może być istotną cechą wszechświata, niewątpliwie połączoną z materią samej czasoprzestrzeni. W tym ujęciu mózg nie generuje już uwagi; raczej oddziałuje z głębszym, kwantowym podłożem, które leży u podstaw prawdy. Rezonuje to z pewnymi mistycznymi i duchowymi tradycjami, które od dawna zakładały, że świadomość nie ogranicza się do myśli osoby, ale jest częścią powszechnej lub kosmicznej inteligencji.

Eksploracja uwagi przez Penrose'a przecina się również z koncepcją nielokalności w fizyce kwantowej — koncepcją, że cząsteczki mogą być natychmiast połączone na znaczne odległości, niezależnie od obszaru pośredniego. Jeśli rozpoznanie działa na poziomie kwantowym, nie może być ograniczone do mózgu ani ramy. Zwiększa to kuszące pytania o naturę samouważności, luźnej woli i zdolności do komunikacji myśli z myślami, oprócz możliwości poznania obecnego poza fizycznym mózgiem.

Chociaż teoria Orch-OR Penrose'a nie została jeszcze ostatecznie przetestowana, stanowi ambitną i nowatorską próbę odpowiedzi na jedno z najgłębszych pytań w nauce i filozofii. Niezależnie od tego, czy metody kwantowe w mózgu odpowiadają za świadomość, zasada ta wywołała szerszą dyskusję na temat skrzyżowania mechaniki kwantowej, neuronauki i natury subiektywnego doświadczenia. W miarę postępu badań w obu dziedzinach może ona przybliżyć nas do wiedzy o zamykającej naturze skupienia i roli sfery kwantowej w kształtowaniu naszego umysłu, percepcji i poczucia siebie.

3.3 Mózg, pola kwantowe i rzeczywistości równoległe

Koncepcja równoległych rzeczywistości, znanych również jako równoległe wszechświaty lub wymiary zmian, intryguje fizyków i filozofów od setek lat. Podczas gdy ogromna część eksploracji równoległych rzeczywistości ma charakter teoretyczny, obecne tendencje w mechanice kwantowej wskazują, że interakcja mózgu z polami kwantowymi może być kluczowa dla zrozumienia, w jaki sposób te wymienialne rzeczywistości mogą się wydarzyć. Interakcja między umysłem a polami kwantowymi może nie tylko pomóc w wyjaśnieniu charakteru poznania, ale także może dać wgląd w to, w jaki sposób więcej niż jedna rzeczywistość współistnieje w ramach zunifikowanej struktury kwantowej.

Sercem tego dochodzenia jest idea, że mózg może nie być po prostu biologicznym organem generującym rozpoznanie za pomocą hobby elektrycznego i technik chemicznych. Zamiast tego może być podstępnym gadżetem kwantowym zdolnym do interakcji z polami kwantowymi, które rządzą wszechświatem na najważniejszym etapie. Pola kwantowe są podstawową „tkaniną" prawdy, leżącą u podstaw wszystkich zjawisk fizycznych. Pola te przenikają całą przestrzeń i, zgodnie z koncepcją pola kwantowego, znajdują się w stałym królestwie fluktuacji. Cząstki, które obejmują elektrony i fotony, nie są uważane za obiekty ludzkie, ale są zamiast tego wzbudzeniami lub zaburzeniami w tych polach kwantowych.

Percepcja, że umysł powinien wchodzić w interakcje z tymi polami kwantowymi wymaga konwencjonalnych informacji z zakresu neuronauki. W tradycyjnej neurobiologii zdolności mózgu — umysł, emocje i wspomnienia — są definiowane w kategoriach klasycznych procedur: sygnałów elektrycznych przechodzących przez neurony, chemicznych neuroprzekaźników ułatwiających komunikację i sieci neuronowych przetwarzających zapisy. Jednak ostatnie badania w dziedzinie biologii kwantowej i neuronauki sugerują, że efekty kwantowe mogą odgrywać rolę w bardziej złożonych funkcjach umysłu, w tym rozpoznawaniu. Doprowadziło to do intrygujących hipotez dotyczących tego, w jaki sposób mechanika kwantowa powinna wpływać na poznanie, a nawet na to, jak rozumiemy rzeczywistość handlu.

Jednym z kluczowych pomysłów w tej dziedzinie jest superpozycja kwantowa — koncepcja, że szczątki mogą istnieć w więcej niż jednym stanie od razu. Kiedy zostanie przeprowadzona do mózgu, superpozycja powinna dopuszczać możliwość, że nasze myśli, spostrzeżenia lub recenzje mogą istnieć w wielu, równoczesnych stanach. W tym kontekście superpozycja może również dać wyjaśnienie, w jaki sposób powinniśmy niewątpliwie cieszyć się więcej niż jedną rzeczywistością lub równoległymi światami, teraz nie jako oddzielnymi bytami, ale jako niezwykłymi możliwościami, które współistnieją w niezależnym królestwie kwantowym. Mózg, funkcjonujący jako gadżet kwantowy, powinien mieć zdolność do poruszania się w tych więcej niż jednym stanie, doświadczając w ten sposób odrębnych wersji prawdy.

Powiązanym pomysłem jest splątanie kwantowe, w którym cząstki pojawiają się jako skorelowane w taki sposób, że królestwo 1 cząstki natychmiast wpływa na stan innej, nawet w odległościach pełnowymiarowych. To zjawisko niesąsiedztwa sugeruje, że informacje mogą być udostępniane między cząstkami niezależnie od fizycznego rozdzielenia między nimi. Niektórzy badacze spekulowali, że sieci neuronowe umysłu mogą być splątane z polami kwantowymi, umożliwiając umysłowi dostęp do informacji z wymiarów wymiany lub równoległych wszechświatów. Jeśli mózg jest zdolny do interakcji ze splątanymi polami kwantowymi, może być zdolny do dostępu do równoległych rzeczywistości, w których istnieją różne wybory i wyniki. To prawdopodobnie mogłoby wyjaśnić zjawiska takie jak déjà vu, prekognicja i rozkoszowanie się alternatywnymi rzeczywistościami podczas świadomego śnienia lub zmienionych stanów świadomości.

Rola poznania w tym systemie jest wciąż przedmiotem debaty. Wiele teorii sugeruje, że uwaga nie zawsze jest tylko wytworem umysłu, ale jest głęboko powiązana z królestwem kwantowym. Według niektórych modeli poznanie pojawia się, gdy układy kwantowe w mózgu, głównie te wewnątrz mikrotubul (jak zaproponowali Penrose i Hameroff), rozpadają się z królestwa superpozycji w pojedynczy, specyficzny naród. Uważa się, że ten rozpad zapewnia wzrostowy impuls dla subiektywnej przyjemności. Jeśli mózg jest z pewnością zdolny do dostępu do pól kwantowych, które rządzą równoległymi rzeczywistościami, to samo poznanie może nie być pewne jednej osi czasu lub prawdy. Zamiast tego może być dynamiczną siłą, która oddziałuje z kilkoma pojemnościowymi rzeczywistościami, decydując o wyjątkowych ścieżkach lub możliwościach w każdej chwili.

Możliwość istnienia równoległych rzeczywistości jest podobnie wspierana przez teorie mechaniki kwantowej, które proponują istnienie multiwersum — grupy nieskończonych wszechświatów, z których każdy ma swój własny zestaw praw i stałych cielesnych. Jedną z najbardziej wyróżniających się teorii związanych z multiwersum jest Interpretacja Wielu Światów (MWI) mechaniki kwantowej, która twierdzi, że każde zdarzenie kwantowe skutkuje rozgałęzieniem wszechświata na wiele nieoddziaływujących ze sobą światów. W MWI każdy wybór lub pomiar tworzy zupełnie nowy wszechświat, rozwijając ogromną społeczność równoległych rzeczywistości, w których zachodzi każdy możliwy wynik końcowy. Interakcja umysłu z polami kwantowymi może umożliwić mu dostęp do tych równoległych światów, biorąc pod uwagę doświadczenie kilku rzeczywistości.

Innym powiązanym pomysłem jest koncepcja struny, która pokazuje, że podstawowe szczątki natury nie są obiektami podobnymi do czynników, ale raczej jako alternatywnie małe wibrujące struny. Te struny istnieją w więcej niż jednym wymiarze, a nasz wszechświat, zgodnie z koncepcją struny, jest tylko jedną z wielu możliwych rzeczywistości, z których każda ma własny zestaw fizycznych domów. Niektóre odmiany idei struny zalecają życie w większych wymiarach poza znanymi 3 wymiarami przestrzennymi i wymiarem jednorazowym. Jeśli mózg może wykorzystać te wyższe wymiary, może być w stanie cieszyć się rzeczywistościami wykraczającymi poza naszą własną, prawdopodobnie postrzegając światy handlowe, które w przeciwnym razie mogłyby być ukryte przed naszą świadomą świadomością.

Eksperymenty w dziedzinie neuronauki również zaczęły badać, w jaki sposób umysł mógłby uzyskać dostęp do zapisów technicznych z więcej niż jednego wymiaru. Badania nad odmiennymi stanami świadomości, w tym tymi wywołanymi przez środki psychodeliczne, medytację lub deprywację sensoryczną, wykazały, że mózg może cieszyć się głębokimi zmianami w pojęciu, co od czasu do czasu prowadzi do poczucia bycia w zmiennych rzeczywistościach lub wymiarach. Stany te sugerują, że mózg może mieć ukryty potencjał do uzyskiwania dostępu i przetwarzania informacji z pól kwantowych lub wyższych wymiarów, potencjalnie dając wgląd w naturę wszechświatów równoległych.

Neuroplastyczność — potencjał mózgu do reorganizacji poprzez tworzenie nowych połączeń neuronowych w odpowiedzi na rozkoszowanie się — może również odgrywać rolę w tym, jak umysł planuje i porusza się w wyjątkowych rzeczywistościach. Tylko dlatego, że mózg może dostosować się do nowych środowisk lub metod kwestionowania, jest on również w stanie przeprogramować się, aby oddziaływać z polami kwantowymi w taki sposób, że może zrozumieć i rozkoszować się równoległymi rzeczywistościami. Ta zdolność do adaptacji może pozwolić umysłowi na przechodzenie między różnymi stanami świadomości, uzyskując dostęp do specjalnych możliwości i osi czasu, w zależności od scenariusza.

Chociaż koncepcja, że mózg może wchodzić w interakcje z polami kwantowymi i uzyskiwać dostęp do równoległych rzeczywistości, pozostaje spekulatywna, jest to ekscytująca granica zarówno w fizyce, jak i neuronauce. Eksploracja mechaniki kwantowej, uwagi i charakteru rzeczywistości ma zdolność ujawniania głębokich spostrzeżeń na temat autentycznej natury naszego istnienia. Jeśli mózg jest z pewnością zdolny do interakcji z polami kwantowymi, może to wyjaśnić kilka tajemnic uwagi, tworząc pomost między znanym i nieznanym, świadomym i nieświadomym oraz światem fizycznym i metafizycznym.

Pomysł, że mózg, poprzez interakcję z polami kwantowymi, może uzyskać dostęp do równoległych rzeczywistości, podważa naszą konwencjonalną wiedzę na temat skupienia, umysłu i samego wszechświata. Rozszerzając nasz pogląd na rzeczywistość, aby składała się z możliwości kwantowych i więcej niż jednego wymiaru, otwieramy drzwi do głębszej wiedzy na temat natury stylów życia i właściwych talentów ludzkiego umysłu. Niezależnie od tego, czy wkrótce zrozumiemy równoległe rzeczywistości, czy nie, wyniki tych badań sugerują, że mózg może być o wiele bardziej połączony z kwantową strukturą wszechświata, niż kiedykolwiek sobie wyobrażaliśmy.

3.4 Świadomość jako obserwator: Czy jesteśmy czynnikami, które uświadamiają sobie wszechświat?

Koncepcja, że rozpoznanie odgrywa kluczową rolę w kształtowaniu szaty prawdy, była przedmiotem ekstremalnej debaty przez setki lat. Historycznie, ta percepcja zmieniła się w dużej mierze w filozoficzną, a myśliciele tacy jak Immanuel Kant zakładali, że nie jesteśmy w stanie w żaden sposób poznać areny „takiej, jaka jest ", ale tylko tak, jak ją postrzegamy. Jednak w ostatnich latach ulepszenia mechaniki kwantowej dodały to wiekowe pytanie do obszaru nauki. Współczesne interpretacje teorii kwantowej, szczególnie wpływu obserwatora, sugerują, że sama świadomość może być istotnym elementem w określaniu natury prawdy. Jeśli tak jest, to pojawia się pytanie: czy rozpoznanie powinno być czynnikiem, który „uświadamia" wszechświat, powodując jego rozpad ze stanu potencjalności w konkretny, obserwowalny fakt?

Wpływ obserwatora to zjawisko w mechanice kwantowej, w którym akt wymiaru wpływa na mierzoną maszynę. W słynnym teście podwójnej szczeliny cząstka, która zawiera elektron, zachowuje się jak fala, obecna w superpozycji stanów, podczas gdy nie jest obserwowana. Jednak gdy tylko cząstka zostanie zmierzona, „zapada się" do określonego stanu, zachowując się jak cząstka, a nie jak fala. Pokazuje to, że obecność obserwatora — czy to człowieka, systemu, czy jakiejkolwiek formy świadomego skupienia — odgrywa kluczową rolę w ustalaniu końcowych wyników działań kwantowych. Ale czy to świadomość obserwatora jest podstawą tego rozpadu, czy też jest to z pewnością fizyczny akt stwierdzenia?

Wiara, że samo rozpoznanie może być ważną rzeczą w tym procesie, zmieniła się, najpierw podniesiona przez Wernera Heisenberga, jednego z założycieli mechaniki kwantowej, a później przyspieszona przez fizyków takich jak John von

Neumann i Eugene Wigner. Wigner, w szczególności, zaproponował, że umysł obserwatora może praktycznie odgrywać aktywną rolę w określaniu wyniku działań kwantowych. Zgodnie z tym poglądem, akt obserwacji nie tylko pokazuje fakt; może go po prostu tworzyć. Ta linia pytań jest ściśle powiązana z koncepcją nieokreśloności kwantowej, która stwierdza, że przed komentarzem, szczątki istnieją w więcej niż jednym stanie pojemności jednocześnie. Tylko gdy są obserwowane, „wybierają" określone królestwo. Tak więc obserwator nie jest tylko biernym widzem, ale może być aktywnym uczestnikiem manifestacji samej rzeczywistości.

To podnosi głębokie pytanie filozoficzne: czy fakt, w kilku zasadniczych odczuciach, opiera się na świadomości jego istnienia? Czy też, co ważniejsze, czy my jako istoty świadome jesteśmy „czynnikami" odpowiedzialnymi za stworzenie rzeczywistości, na pewno poprzez wpatrywanie się w nią? To pytanie dotyka starożytnego filozoficznego dylematu zwanego idealizmem: postrzegania, że fakt jest zasadniczo intelektualny lub niematerialny. W tym ujęciu świat fizyczny nie będzie istniał niezależnie od naszej świadomości; zamiast tego może istnieć tylko dlatego, że jesteśmy go świadomi.

Z drugiej strony spektrum jest materializm, który zakłada, że świadomość powstaje z umysłu fizycznego i że świat materialny istnieje niezależnie od naszej świadomości. Jednak mechanika kwantowa wydaje się misją tej dychotomii, sugerując, że umysł nie będzie po prostu wytworem mózgu, ale powinien odgrywać aktywną rolę w kształtowaniu rzeczywistości, w której się rozkoszujemy.

Wieloświatowa interpretacja mechaniki kwantowej (MWI) daje inną interesującą postawę. Według MWI, każde zdarzenie kwantowe powoduje nadejście więcej niż jednej rozgałęzionej rzeczywistości, z których każda reprezentuje wyłączny wynik końcowy tego zdarzenia. Jeśli świadomość jest rzeczywiście zaniepokojona załamaniem się charakterystyki fali, jak proponują niektórzy zwolennicy wpływu obserwatora, to każdy akt uwagi może być odpowiedzialny za rozgałęzienie tych światów. Innymi słowy, nasze świadome doświadczenie może być powiązane z określoną linią czasu, nawet jeśli wszystkie inne potencjalne linie czasu żyją równolegle. Może to oznaczać, że nasza świadomość nie jest po prostu obserwatorem wszechświata, ale graczem w jego ciągłym tworzeniu, doświadczającym jednej z wielu możliwych rzeczywistości.

W świetle tych kwantowych myśli, rozpoznanie może być nie tylko biernym obserwatorem, ale także aktywnym uczestnikiem kształtowania wszechświata. Pojęcie, że rozpoznanie może chcieć „rozbić" kwantowe możliwości na pojedynczą, obserwowalną prawdę, będzie uważane za kosmiczną cechę. W tym odczuciu my, jako świadomi obserwatorzy, nie tylko nawigujemy po wszechświecie; my go urzeczywistniamy. Wszechświat może być w pewnym sensie manifestacją naszej zbiorowej świadomości, rozwijającej się i ewoluującej poprzez naszą świadomość.

Ta postawa ma głębokie implikacje dla naszej wiedzy o wolnej woli i determinizmie. Jeśli rozpoznanie jest z pewnością tym, co „uświadamia" wszechświat, czy oznacza to, że mamy siłę, aby kształtować naszą prawdę naprawdę poprzez wpatrywanie się w nią lub poprzez świadome dokonywanie alternatyw? Jeśli fakt jest produktem naszej obserwacji, to wolna wola może być bezpośrednim wyrazem naszego potencjału do przekonywania dyscypliny kwantowej i, poprzez rozszerzenie, samego wszechświata. Ta interpretacja sugeruje, że nasze myśli, intencje i percepcje nie są tylko biernymi odbiciami świata sprzed teraźniejszości, ale aktywnymi siłami zdolnymi do kształtowania otaczającego nas świata fizycznego.

Jednocześnie niektóre teorie sugerują, że wszechświat może istnieć niezależnie od naszego komentarza, jednak ta koncentracja pełni kluczową funkcję w uczynieniu tego wszechświata zrozumiałym dla nas. W tym ujęciu rozpoznanie może być widoczne jako interpretator wszechświata, tłumaczący abstrakcyjną, probabilistyczną naturę zdarzeń kwantowych na solidną, regularną rzeczywistość, z której korzystamy. Wszechświat, w tym sensie, może już istnieć w formie zdolności, a obserwator wprowadza go w zrozumiały i dostrzegalny stan poprzez poznanie.

Pomostem łączącym te perspektywy jest koncepcja zasady holograficznej, która zakłada, że sam wszechświat jest prawdopodobnie rodzajem hologramu — projekcją statystyk zakodowanych na barierach czasoprzestrzeni. Jeśli wszechświat jest z natury holograficzny, świadomość jest prawdopodobnie medium, przez które ta projekcja jest postrzegana i interpretowana. W tym doświadczeniu świadomość nie tworzy już wszechświata, ale odgrywa kluczową rolę w jego postrzeganiu i rozumieniu, funkcjonując jako soczewka, przez którą określany jest kosmiczny hologram.

Ponadto badania nad neuronauką i biologią kwantową badają, w jaki sposób strategie kwantowe prawdopodobnie wpływają na zdolność umysłu do rozumienia i interpretowania rzeczywistości. Niektórzy naukowcy sugerują, że sieci neuronowe mózgu mogą również działać jako „procesor kwantowy", wchodząc w interakcje z polem kwantowym i zapadając funkcje falowe w obserwowalne zjawiska. Sugeruje to, że mózg, jako siedziba świadomości, może pełnić funkcję bramy między sferą kwantową a naszym percepcyjnym doświadczeniem rzeczywistości.

Pytanie, czy jesteśmy „elementami", które rozumieją wszechświat, pozostaje nierozwiązane, ale mechanika kwantowa wprowadziła je w ostrzejsze ramy. Jeśli świadomość odgrywa kluczową rolę w rozpadzie charakterystyki fali, nie będziemy tylko biernymi obserwatorami rzeczywistości, ale energicznymi uczestnikami jej tworzenia. Wszechświat, w tym ujęciu, nie jest po prostu czymś, co badamy; jest czymś, co aktywnie rozumiemy, każda sekunda przyczynia się do rozwoju faktu, gdy go doświadczamy. Ta postawa wymaga od nas zmiany naszego tradycyjnego rozumienia każdej uwagi i wszechświata, sugerując, że te dwa elementy nie są odrębnymi bytami, ale są głęboko splecione w samej strukturze istnienia.

3.5 Model umysłu kwantowego: Czy nasze myśli tworzą alternatywne wszechświaty?

Pomysł, że nasze myśli mogą nie najlepiej kształtować naszych osobistych rzeczywistości, ale prawdopodobnie mogłyby tworzyć kompletne wszechświaty handlowe, jest jednym z najbardziej fascynujących i spekulatywnych punktów przecięcia mechaniki kwantowej i badań nad poznaniem. Ta koncepcja kwestionuje konwencjonalny pogląd na poznanie jako biernego odbiorcę zewnętrznych bodźców, zamiast tego zakładając, że nasze umysły mają moc wpływania na samą tkaninę faktu lub może generowania jej. Centralnym punktem tej dyskusji jest koncepcja Umysłu Kwantowego, która sugeruje, że strategie uwagi mogą być głęboko związane z mechaniką kwantową. Ale czy to sugeruje, że nasze myśli powinny tworzyć równoległe wszechświaty, manifestując określone rezultaty i możliwości w zależności od naszych stanów psychicznych i intencji?

Wersja Quantum Mind opiera się całkowicie na koncepcji, że metody kwantowe mogą leżeć u podstaw charakteru samego rozpoznania, zamiast świadomości po prostu powstającej z klasycznych, neuronalnych interakcji w umyśle. Koncepcja ta jest napędzana przez uświadomienie sobie, że zjawiska kwantowe, w tym superpozycja i splątanie, mają właściwości, które wydają się przypominać kilka czynników procesów poznawczych. W mechanice kwantowej, szczątki, takie jak elektrony i fotony, mogą istnieć w wielu stanach bez opóźnienia (superpozycja), a cząstki, które mogą być splątane, mogą jednocześnie wpływać na siebie na ogromne odległości, nawet gdy są oddzielone latami świetlnymi. Niektórzy teoretycy proponują, że podobne taktyki powinny występować w mózgu, wpływając na sposób, w jaki postrzegamy i wchodzimy w interakcję ze środowiskiem.

Jednym z największych zwolenników tej koncepcji jest Roger Penrose, który wraz z neurobiologiem Stuartem Hameroffem zaproponował teorię świadomości Orch-OR (Orchestrated Objective Reduction). Zasada ta sugeruje, że koherencja kwantowa może występować w systemach wewnątrz neuronów mózgu, szczególnie w mikrotubulach, które mają odgrywać kluczową rolę w poznaniu. Według Orch-OR superpozycja kwantowa może trwać w tych mikrotubulach, rozwijając rodzaj „myśli kwantowych", które działają na poziomie znacznie wykraczającym poza klasyczne sieci neuronowe.

Jeśli mózg jest z pewnością procesorem kwantowym, oznacza to, że umysł mógłby niewątpliwie uzyskać dostęp do dyscypliny kwantowej i nią zarządzać, pozwalając umysłowi wpływać na rzeczywistość fizyczną. Zwiększa to prowokującą możliwość, że nasze stany intelektualne, wybory i obserwacje nie tylko mogłyby wpłynąć na natychmiastowy świat wokół nas, ale także mogą doprowadzić do powstania odrębnych, równoległych rzeczywistości lub wszechświatów.

W mechanice kwantowej koncepcja superpozycji sugeruje, że dopóki maszyna kwantowa nie zostanie znaleziona lub zmierzona, istnieje ona w kombinacji wszystkich możliwych stanów. Kiedy badamy maszynę, superpozycja zapada się w jeden z możliwych wyników, a maszyna przyjmuje stan nieżonaty. Jest to słynnie zilustrowane za pomocą eksperymentu myślowego z kotem Schrödingera, w którym kot w pojemniku może być zarówno żywy, jak i martwy w tym samym czasie, dopóki nie zostanie znaleziony.

Stosując to do uwagi, niektórzy teoretycy twierdzą, że nasze umysły mogłyby działać w podobny sposób. W pewnym sensie każde nasze pojęcie może być formą kwantowej okazji, obecnej w kilku stanach pojemności, dopóki nie dokonamy wyboru lub nie przestudiujemy go w wybrany sposób. W tym kontekście każdy wybór lub obserwacja mentalna powinna dezintegrować funkcję falową możliwości, wybierając jeden wynik zamiast innego. Ale co jeśli zamiast po prostu zapadać możliwości w jeden obserwowalny fakt, nasze myśli i decyzje absolutnie tworzą specjalne rzeczywistości, z których każda jest podobna do wyłącznej możliwości?

Ta koncepcja jest ściśle związana z wieloświatową interpretacją mechaniki kwantowej. Zgodnie z tą interpretacją, każde zdarzenie kwantowe, w przeciwieństwie do zapadania się w niepołączone królestwo, rodzi nowy równoległy wszechświat, w którym istnieje każdy możliwy wynik tego zdarzenia. W kontekście skupienia sugerowałoby to, że za każdym razem, gdy dokonujemy wyboru, myślimy lub kształtujemy pojęcie, możemy „odgałęziać się" do nowego, alternatywnego wszechświata. Każdy równoległy wszechświat może stanowić inny ostateczny wynik, podobnie jak liczne okazje, których nie wybraliśmy, lub być może wyjątkowe interpretacje równego wydarzenia.

W ten sposób model Umysłu Kwantowego może oznaczać, że nasze świadome decyzje nie tylko kształtują naszą osobistą wiedzę, ale także tworzą wiele rzeczywistości zdolności, z których każda wyłania się z unikalnych ścieżek, które powinniśmy byli obrać, lub z różnych wersji nas samych.

Najnowsze trendy w biologii kwantowej sugerują, że zjawiska kwantowe mogą odgrywać większą bezpośrednią rolę w charakterystyce mózgu niż wcześniej sądzono. Wyniki kwantowe, takie jak tunelowanie, splątanie i superpozycja, są zwykle znajdowane w skali mikroskopowej, ale najnowsze dowody wskazują na możliwość, że te efekty mogą również występować w skali makroskopowej struktur organicznych, w tym mózgu.

Na przykład zjawisko koherencji kwantowej, w którym szczątki pozostają w królestwie superpozycji kwantowej dłużej niż przewidywano, zaobserwowano w fotosyntezie i nawigacji ptaków. Jeśli takie efekty kwantowe zachodzą w mózgu, może to umożliwić bezpośrednią interakcję między świadomością a dyscypliną kwantową, pozwalając umysłowi przekonywać do faktów metodami, których fizyka klasyczna nie potrafi wyjaśnić. Może to również wyjaśniać, dlaczego cieszymy się subiektywnym faktem, który wydaje się tak bezpośredni i namacalny, pomimo faktu, że leżące u jego podstaw taktyki kwantowe wydają się probabilistyczne i podsumowujące.

Jeśli uwaga jest w zasadzie kwantowa w swej naturze, to sugeruje, że nasze stany mentalne mogą chcieć od razu wpłynąć na podmiot kwantowy, załamując zdolności falowe w metodach, które tworzą lub dostosowują rzeczywistości wymiany. System obserwacji — w mechanice kwantowej akt pomiaru — jest tym, co załamuje superpozycję możliwych stanów wprost w pojedynczy, konkretny wynik. Możliwe, że nasza świadoma uwaga pełni rolę podobną do obserwatora w urządzeniu kwantowym, „obserwując" lub „wybierając" kierunek, w którym wszechświat przyjmuje w każdej chwili. Może to sugerować, że nasze myśli nie są tylko odbiciami świata wokół nas, ale żywymi współtwórcami w tworzeniu faktów.

Interpretacja wielu światów i koncepcja świadomości kwantowej opowiadają się za tym, że wszechświat jest o wiele bardziej skomplikowany i wieloaspektowy, niż się wydaje. Jeśli myśli mogą wirtualnie tworzyć zmieniające się rzeczywistości, pojawia się pytanie: co to mówi o charakterze samego wszechświata? Czy prawda jest grupą równoległych światów, z których każdy ewoluuje zgodnie z naszymi wyborami, czy też istnieje głębsza, zjednoczona świadomość, która łączy wszystkie te światy?

Jedną z zasad, która łączy te myśli, jest koncepcja panpsychizmu, która zakłada, że świadomość nie jest ograniczona do istot ludzkich lub zwierząt, ale jest istotną właściwością samego wszechświata. Jeśli wszechświat jest z natury świadomy, to nasza świadomość charakteru jest prawdopodobnie połączona z większą, zbiorową świadomością, która może być odpowiedzialna za generowanie multiwersum. W tym ujęciu każde pojęcie, każdy wybór i każde wydarzenie intelektualne mogłoby być manifestacją tej dobrze znanej świadomości, która nieustannie tworzy i utrzymuje społeczność równoległych wszechświatów.

Fevzi H.

Co więcej, koncepcja, że nasz umysł może chcieć tworzyć rzeczywistości zmian, podważa naszą wiedzę o wolnej woli. Jeśli nasze umysły mogą tworzyć prawdę w tak głęboki sposób, czy to sugeruje, że jesteśmy czymś więcej niż tylko biernymi obserwatorami z góry określonego wszechświata? Czy nasze świadome wybory mogą być siłą napędową rozgałęzienia rzeczywistości wymiany, w której każda nasza preferencja prowadzi do nowego, równoległego wszechświata? Jeśli tak, to wyniki dla niepublicznej agencji i obowiązku mogą być gigantyczne, sugerując, że każde działanie i pomysł mają zdolność tworzenia zupełnie nowego wszechświata możliwości.

Wersja Quantum Mind kwestionuje naszą konwencjonalną wiedzę na temat każdej świadomości i wszechświata, sugerując, że myśli nie są tylko biernym odbiorcą bodźców sensorycznych, ale żywą presją, która może tworzyć samą strukturę rzeczywistości. Jeśli umysł rzeczywiście może generować wszechświaty wymiany, jak sugeruje interpretacja wielu światów, to nasze stany mentalne mogą nie tylko wpływać na arenę wokół nas, ale powinny aktywnie tworzyć nowe rzeczywistości, każda podobna do niezliczonych możliwości, które istnieją w sferze kwantowej.

W miarę jak kontynuujemy odkrywanie związku między mechaniką kwantową a świadomością, możemy być na skraju odkrycia, że myśli są o wiele bardziej skuteczne i transformacyjne, niż kiedykolwiek sobie wyobrażaliśmy. Myśli nie będą po prostu powielać faktów — będą architektami samego multiwersum, tworząc zmieniające się wszechświaty z każdą decyzją, każdą uwagą i każdym celem. Umysł Kwantowy może być również kluczem do informacji nie tylko o naturze skupienia, ale także o samym kształcie faktów.

ROZDZIAŁ 4

Czy nasz umysł ma dostęp do innych wszechświatów?

4.1 Sny, podróże astralne i interakcja umysłu z alternatywnymi rzeczywistościami

Koncepcja umysłu podróżującego poza granice ciała, by rozkoszować się alternatywnymi regionami geograficznymi, jest tak stara jak sama ludzkość, głęboko osadzona w naszych mitach, religiach i praktykach religijnych. Starożytne kultury często wierzyły w związek między pragnieniami, duszą i sferami pozaziemskimi. W nowatorskich przypadkach idea ta rozwinęła się w to, co obecnie postrzegamy jako „podróże astralne" lub „raporty poza ciałem" (OBE), które według wielu pozwalają umysłowi opuścić fizyczną ramę i odkryć odległe lub wymienialne rzeczywistości. Ale czym w rzeczywistości są te zjawiska? Czy nasze pragnienia i podróże astralne mogą pełnić funkcję pomostów do równoległych wszechświatów lub rzeczywistości obecnych poza naszą percepcją cielesnej przestrzeni?

Na przykład sny od dawna są postrzegane jako okna do światów możliwości. Z perspektywy mentalnej pragnienia można uznać za metodę przetwarzania przez mózg uczuć, umysłu i wspomnień. Jednak zdarzają się przypadki, w których ludzie rejestrują wyjątkowo błyskotliwe, a nawet przejrzyste sny, które wydają się całkowicie oddzielone od ich stanu czuwania. Te pragnienia można postrzegać jako równoległe światy, w których istnieją unikalne wersje siebie lub innych ludzi, zamieszkujące życia, które nie są zgodne z zasadami świata czuwania. Niektórzy ludzie, określani jako „świadomi śniący", mogą nawet kontrolować okazje swoich pragnień, eksplorując nieznane terytoria z pełną świadomością, że śnią.

Podczas gdy wiedza technologiczna historycznie zmniejszała pragnienia w podstawowych terminach zjawisk neurologicznych, hipoteza, że sny powinny zapewniać dostęp do rzeczywistości handlowej, zyskała popularność w bardziej spekulatywnych kręgach. Związek między umysłem a uwagą nie zawsze jest w pełni zrozumiały, a pomysł, że nasze myśli mogą uzyskać dostęp do zmiennych wymiarów poprzez myśli nieświadome lub w czasie stanów takich jak sen, rodzi fascynujące pytania. Jeśli przyjmiemy, że pragnienia są formą interakcji z rzeczywistością handlową, należy argumentować, że myśli po prostu mają dostęp do wyjątkowego czynnika swojej zdolności, takiego, który wykracza poza granice naszej konwencjonalnej wiedzy o wszechświecie.

Podróż astralna, znana również jako „projekcja astralna", to każde inne zjawisko, które intryguje poszukiwaczy duchowych i ludzi ciekawych natury prawdy. W przeciwieństwie do zwykłego śnienia, podróż astralna jest definiowana jako świadome rozkoszowanie się, w którym postać czuje, jakby jej duch lub uwaga oderwała się od jej ciała fizycznego i podróżowała do odrębnego, często eterycznego, królestwa. Podczas podróży astralnej jednostki czasami

Fevzi H.

napotykają dziwaczne, nieziemskie krajobrazy, spotykają inne świadome byty i doświadczają wrażeń, które są w pewien sposób wyeliminowane z ograniczeń fizycznych ram. Historie te mogą być głęboko głębokie, często opisywane jako bardziej realne niż sama prawda.

W czasach współczesnych te doniesienia zyskały popularność w społecznościach duchowych i New Age, a praktycy twierdzą, że astralna wycieczka daje bezpośrednie doświadczenie alternatywnych wymiarów i rzeczywistości. Istnieją podobieństwa między pieniędzmi zaległymi z podróży astralnych a ludźmi o bliskich śmierci doniesieniach, w których ludzie składają podróże przez tunele, spotykają istoty łagodne lub podróżują po regionach geograficznych, które istnieją poza czasem i przestrzenią. Czy te projekcje astralne mogą być przebłyskami równoległych wszechświatów, alternatywnych linii czasu lub wersjami handlowymi nas samych, obecnymi tuż za zasłoną naszej bezpośredniej percepcji?

Próbując uchwycić te doświadczenia z systematycznej perspektywy, istotne jest przypomnienie sobie neurologicznych i psychicznych elementów w grze. Aktywność mózgu podczas snu i dostosowanych stanów świadomości, w tym głębokiej medytacji lub transu, może motywować umysł do rozkoszowania się jasnymi doznaniami, które wydają się istnieć poza fizycznymi ramami. Aktywność neuronalna może tworzyć symulację prawdy handlowej, oszukując umysł, aby postrzegał przygodę poza sobą. Jednocześnie niektórzy neurobiolodzy zaproponowali, że te badania będą przejawem próby naszego umysłu, aby poczuć bodźce, emocje lub być może nierozwiązane konflikty z naszego życia na jawie, dając impuls do doświadczenia przygody lub eksploracji pozaziemskiej.

Jednak pytanie pozostaje: co jeśli te historie nie są po prostu produktem ubocznym nadaktywnej wyobraźni lub wadliwego mózgu, ale raczej właściwym połączeniem z równoległymi światami lub wszechświatami? Jeśli idea multiwersum ma jakąkolwiek wagę — sugerując życie wielu współistniejących rzeczywistości — to jest całkiem prawdopodobne, że nasza uwaga powinna, w pewnych okolicznościach, uzyskać dostęp do tych zmiennych regionów geograficznych. W tego typu ramach pragnienia i projekcje astralne mogą działać jak okna, pozwalając nam na dotarcie do szerszego zakresu stylów życia, który wykracza poza ograniczenia świata fizycznego.

Podczas gdy główny nurt nauki pozostaje sceptyczny, zjawisko celów i podróży astralnych pozostaje przedmiotem fascynacji dla wielu osób, które pragną odkryć granice ludzkiej uwagi. Wraz z postępem generacji i pogłębianiem się naszego zrozumienia mechaniki kwantowej i natury wszechświata, jest całkiem możliwe, że w pewnym momencie będziemy mogli skorzystać ze spostrzeżeń na temat prawdziwej natury tych doświadczeń. Czy możliwe jest, że interakcja umysłu z rzeczywistościami wymiany jest niewykorzystaną rzeczą ludzkich możliwości, która daje głębsze doświadczenie wzajemnych powiązań wszystkich rzeczy? Granica między umysłem świadomym i podświadomym, tym, co cielesne i niecielesne, nadal jest niewyraźna, a idea, że możemy być w stanie uzyskać dostęp do rzeczywistości wymiany poprzez pragnienia, podróż astralną lub inne odmienne stany rozpoznania, jest przekonująca i nadal przekracza granice naszego zrozumienia.

Ostatecznie, połączenie między myślami i równoległymi wszechświatami pozostaje spekulatywne. Mimo to, zaprasza nas do wzięcia pod uwagę gigantycznej i tajemniczej pojemności ludzkiej świadomości i niewykorzystanych sfer faktów, które leżą po prostu poza naszymi zwykłymi percepcjami. Niezależnie od tego, czy nasze sny i podróże astralne stanowią rzeczywiste połączenie z rzeczywistością handlu, czy po prostu twórcze działanie umysłu, oferują one wgląd w najwyższej klasy, niezgłębione możliwości życia. W miarę jak nasza wiedza o wszechświecie ewoluuje, tak samo może ewoluować nasza wiedza o obszarze myśli w nim — być może pewnego dnia ujawniając prawdziwy zakres zdolności myśli do uzyskania dostępu i interakcji ze światami handlu.

4.2 Doświadczenie DMT i brama do równoległych rzeczywistości

Dimetylotryptamina (DMT), ewidentnie występujący związek psychodeliczny, od dawna interesuje zarówno sieć naukową, jak i osoby poszukujące transcendentnych badań. Znany ze swoich skutecznych, nieziemskich efektów, DMT jest regularnie nazywany „cząsteczką ducha" ze względu na ekstremalne, czasami głębokie opinie, które wywołuje. Jedną z najbardziej uderzających funkcji stosowania DMT jest żywa, surrealistyczna natura jego wyników, przy czym wielu klientów zgłasza spotkania z bytami, podróże do innych królestw i głębokie poczucie wzajemnego powiązania ze wszechświatem. Czy te badania mogą być przebłyskami równoległych rzeczywistości, wymiarów wymiany lub innych form istnienia? Związek między DMT a postrzeganiem równoległych światów jest tematem trwającego hobby i hipotezy, ponieważ głęboka natura doświadczenia podnosi ogromne pytania na temat granic faktu i rozpoznania.

DMT jest klasyfikowany jako tryptamina, kategoria związków uznanych za psychoaktywne. Występuje naturalnie u wielu roślin i zwierząt, a także w mózgu człowieka, w którym uważa się, że jest wytwarzany przez szyszynkę, mały organ umieszczony w centrum umysłu. Podczas gdy prawdziwa pozycja DMT w mózgu nie zawsze jest w pełni zrozumiała, ostrzegano, że może odgrywać rolę w stanach głębokiej medytacji, bliskich śmierci historiach i marzeniach sennych. Jednak jego najbardziej znane wyniki pochodzą z jego stosowania jako skutecznego narkotyku psychedelicznego, w którym wywołuje intensywne, krótkotrwałe badania, które często wykraczają poza zwykłe fakty. Charakter tych badań doprowadził niektórych do wysunięcia hipotezy, że DMT może umożliwić myślom dostęp do równoległych rzeczywistości lub innych wymiarów, które mogą być poza zasięgiem zwykłej wiary.

Historie wywołane przez DMT różnią się od tych wywołanych przez inne substancje psychodeliczne. Początek efektów jest szybki, a klienci często zgłaszają doświadczenie natychmiastowego przeniesienia się do bardzo ekskluzywnego królestwa po spożyciu. Wielu opisuje wejście w to, co postrzegają jako odrębną, autonomiczną przestrzeń międzynarodową, wypełnioną skomplikowanymi geometrycznymi stylami, żywymi kolorami i krajobrazami, które przeczą prawom fizyki. Niektórzy użytkownicy zgłaszają spotkania z bytami, które wydają się mieć własne osobowości, często opisywane jako istoty obce, anielskie lub międzywymiarowe. Byty te często rozmawiają z osobą, oferując wiadomości lub podejmując to, co wydaje się głęboko znaczącą wymianą. Takie recenzje są tak regularne i żywe, że skłaniają niektórych do zgody, że DMT daje dostęp do geograficznych regionów stylów życia poza fizycznym wszechświatem.

Pomysł DMT jako portalu do równoległych rzeczywistości opiera się na koncepcji, że myśli, choć zmienione przez substancję, są w stanie przekroczyć ograniczenia fizycznego mózgu i uzyskać dostęp do alternatywnych wymiarów życia. Ta perspektywa jest zgodna z pewnymi teoriami fizyki, głównie tymi związanymi z multiwersum. Hipoteza multiwersum zakłada, że istnieje wiele wszechświatów, każdy z wyłącznymi prawami fizyki i rzeczywistościami, które istnieją obok naszego własnego. W tym kontekście DMT może być postrzegane jako klucz, który otwiera drzwi do tych zmienionych rzeczywistości, pozwalając świadomym myślom szybko je zamieszkiwać. Żywość raportów sugerowanych przez użytkowników DMT — często charakteryzowanych poprzez doświadczenie spotkania się z pozaziemskimi sferami i istotami — wskazuje, że myśli mogą również w jakiś sposób uzyskać dostęp do tych równoległych światów w pewnym momencie psychodelicznej przygody.

Ponadto charakter recenzji wywołanych przez DMT zwiększa ekscytujące pytania o charakter samego poznania. W tych zmienionych stanach wielu użytkowników dokumentuje rozpuszczenie granicy między sobą a innymi, doświadczając poczucia jedności ze wszechświatem, a nawet z całym istnieniem. Niektórzy opisują uczucie, jakby stali się częścią większego, zbiorowego rozpoznania, w którym są w stanie cieszyć się rzeczywistościami wykraczającymi poza indywidualną identyfikację. W tym odczuciu doświadczenie DMT może być widoczne jako szybkie połączenie się z nadrzędnym, powszechnym poznaniem, takim, które jest w stanie postrzegać wiele rzeczywistości jednocześnie. To postrzeganie świadomości jako czegoś, co może przekroczyć percepcję osoby i uzyskać dostęp do alternatywnych płaszczyzn istnienia, odzwierciedla pewne idee odkryte w obu filozofiach Wschodu i mechanice kwantowej, gdzie poznanie jest uważane nie tylko za produkt uboczny umysłu, ale za podstawową rzecz samego wszechświata.

Chociaż te twierdzenia o napotykaniu równoległych rzeczywistości lub wymiarach wymiany są trudne do naukowego potwierdzenia, istnieje kilka hipotez, które próbują wyjaśnić doświadczenie DMT w kategoriach fizyki kwantowej i koncepcji skupienia. Jedną z możliwości jest to, że DMT aktywuje pewne obszary umysłu w sposób, który pozwala świadomemu umysłowi na dotarcie do niesąsiedzkiego obszaru faktów, podobnego do dyscypliny kwantowej, która leży u podstaw całej prawdy. W tym ujęciu umysł nie jest ograniczony do ciała fizycznego, ale jako alternatywa istnieje jako funkcja falowa kwantowa, która może wchodzić w interakcje z innymi, równoległymi rzeczywistościami, podczas gdy zwykłe filtry mózgu są na krótko zawieszone za pomocą wyników DMT. Ta idea jest ściśle związana z wiarą w świadomość kwantową, która zakłada, że poznanie wynika z metod kwantowych, które są niesąsiedzkie, to znaczy, że istnieją poza przestrzenią i czasem, tak jak je rozumiemy. Jeżeli świadomość działa w ten sposób, może być zdolna do interakcji z wymiarami wymiennymi lub wszechświatami równoległymi, szczególnie jeśli ułatwi to substancja taka jak DMT.

Inna zasada obejmuje ideę splątania, zjawisko w mechanice kwantowej, w którym cząstki, które są oddzielone znaczną odległością, mogą nadal mieć na siebie natychmiastowy wpływ. Jeśli myśli, w swojej maksymalnej podstawowej formie, są podłączone do dyscypliny kwantowej poprzez kilka form splątania, możliwe jest, że DMT powinno na krótko przekazać świadome myśli do kontaktu z innymi wymiarami lub równoległymi rzeczywistościami. Może to dać wyjaśnienie dla doświadczenia „odwiedzania" różnych sfer i spotykania istot, które doświadczają niezależnie od własnej świadomości postaci. W tym ujęciu przyjemność z DMT może być tymczasowym splątaniem z alternatywnymi liniami czasu lub równoległymi wszechświatami, dając użytkownikowi możliwość zajrzenia do różnych światów, które istnieją obok naszego osobistego.

Podczas gdy kliniczne doświadczenie DMT i jego zaloty do wymiany rzeczywistości pozostają spekulatywne, fakt, że tak wielu klientów zapisuje podobne recenzje — spotkania z istotami, podróże do obcych światów i głębokie poczucie połączenia ze wszechświatem — sugeruje, że przyjemność

DMT dotyka czegoś głębokiego, potencjalnie dostarczając wglądu w rzeczywistości wykraczające poza nasze bezpośrednie pojęcie. Niezależnie od tego, czy te regiony geograficzne są dosłownymi alternatywnymi wszechświatami, projekcjami nieświadomego umysłu, czy jakąś formą prawdy kwantowej, podobieństwa w przyjemności DMT wskazują na głębokie połączenie między świadomością a materią samej rzeczywistości.

Eksploracja DMT i jego zdolności do zapewnienia dostępu do równoległych rzeczywistości podnosi istotne pytania dotyczące charakteru rozpoznania i granic ludzkiej wiary. Czy możliwe jest, że nasze umysły są zdolne do postrzegania innych wymiarów, rzeczywistości lub równoległych światów, jednak najlepiej w określonych warunkach? Czy DMT działa jako katalizator, który szybko otwiera drzwi do tych ukrytych sfer, czy też pokazuje coś, co jest tam stale, tuż poza naszymi normalnymi możliwościami sensorycznymi? W miarę jak nasza wiedza na temat mechaniki kwantowej, skupienia i natury prawdy nadal ewoluuje, prawdopodobne jest, że tajemnice otaczające DMT i jego zdolność jako bramy do równoległych rzeczywistości będą nadal fascynować zarówno naukowców, jak i poszukiwaczy religijnych.

4.3 Zmiany stanów świadomości: medytacja i głęboka percepcja

Świadomość, królestwo bycia świadomym i zdolnym do refleksji nad własnym istnieniem, umysłem i otoczeniem, nie jest ustalonym lub statycznym stanem. Jest to płynne i wieloaspektowe zjawisko, które może się zmieniać w odpowiedzi na różne czynniki, zarówno wewnętrzne, jak i zewnętrzne. Jedną z najgłębszych metod regulacji i rozszerzania naszej przyjemności ze świadomości są praktyki obejmujące medytację i różne strategie zaprojektowane w celu pogłębienia percepcji. Medytacja, głównie, była stosowana od wieków w różnych kulturach w całym sektorze jako sposób uzyskiwania dostępu do zmienionych stanów uwagi, wspierania zwiększonego skupienia i eksplorowania głębszych elementów myśli. Te zmienione stany mogą oferować całkowicie unikalną soczewkę, przez którą można odkryć charakter samej świadomości, niewątpliwie otwierając drzwi do poznania równoległych rzeczywistości lub mając dostęp do głębszych warstw skupienia.

Medytacja to rozległy okres czasu obejmujący szereg praktyk mających na celu uspokojenie myśli, skupienie zainteresowań i osiągnięcie królestwa głębokiej intelektualnej jasności. Podczas gdy techniki mogą się również znacznie różnić — od medytacji uważności po medytację transcendentalną i kierowane wizualizacje — tym, co łączy wszystkie rodzaje medytacji, jest uzasadnienie dla uświadomienia sobie myśli i przekroczenia codziennych wzorców pojęć. W rezultacie wielu medytujących zgłasza doświadczanie zmienionych stanów skupienia, charakteryzujących się poczuciem oderwania od zwykłego świata, poczuciem bezczasowości, a nawet zwielokrotnionym skupieniem, które przekracza granice jaźni. Te zmienione stany są często obserwowane poprzez głębokie spostrzeżenia, zmiany emocjonalne i głębokie poczucie wzajemnego powiązania ze wszechświatem.

Jedną z najbardziej wiszących zdolności medytacji jest jej potencjał do wywoływania zmiany w pojęciu, pozwalając ludziom cieszyć się prawdą w zasadniczo odmienny sposób. W kilku praktykach medytacyjnych, w tym tych zakorzenionych w tradycjach buddyjskich lub jogicznych, praktykujący starają się uciszyć nieustanny gwar myśli i nabyć naród „bez umysłu", w którym ego i tożsamość mężczyzny lub kobiety rozpuszczają się, a medytujący doświadcza doświadczenia jedności z całym życiem. W tym kraju medytujący zgłaszają zwiększoną wrażliwość na swoje otoczenie, poprawę empatii i zniesienie granic między sobą a innymi. Te raporty są często definiowane jako transcendentne, co sugeruje, że myśli, choć wolne od swoich zwykłych ograniczeń, są zdolne do uzyskania dostępu do głębszego etapu rozpoznania, który istnieje poza codziennym przekonaniem o fakcie.

Efekty medytacji na świadomość nie ograniczają się do raportów emocjonalnych lub duchowych. Badania neurologiczne udowodniły, że medytacja może mieć mierzalne rezultaty w hobby mózgu, szczególnie w regionach związanych z zainteresowaniem, prawem emocjonalnym i samoświadomością. Na przykład badania wykazały, że doświadczeni medytujący wykazują rozszerzone hobby w korze przedczołowej, części mózgu związanej ze zdolnościami lepszego porządku, która obejmuje podejmowanie decyzji, siłę woli i świadomość. Jednocześnie wykazano, że medytacja zmniejsza hobby w społeczności trybu domyślnego (DMN), sieci obszarów mózgu związanych z błądzeniem umysłu, kwestionowaniem samego siebie i poczuciem indywidualnego ego. Te zmiany w hobby umysłu odzwierciedlają zdolność stanu medytacyjnego do modyfikowania sposobu, w jaki myśli postrzegają i oceniają rzeczywistość.

Dokładniej, głęboka medytacja może czasami prowadzić do tego, co nazywa się „niedualnym skupieniem", narodem, w którym rozróżnienia między problemem a przedmiotem, sobą a czymś innym, są tymczasowo zawieszone. W tym kraju medytujący może również wyczuć głębokie odniesienie do całego wszechświata, jakby nie stał się od niego niezależny, ale był jego integralną częścią. To poczucie ducha zespołowego i wzajemnych powiązań doprowadziło niektórych do zajęcia stanowiska, że medytacja może zapewnić wgląd w alternatywne wymiary lub równoległe rzeczywistości, w których granice między unikalnymi stanami życia stają się bardziej płynne i znacznie mniej opisane. Możliwe jest, że w takich stanach myśli są zdolne do postrzegania wielu rzeczywistości lub wymiarów jednocześnie, uzyskując dostęp do różnych rodzajów świadomości, które istnieją poza zwykłą ludzką przyjemnością.

Jedną z kluczowych funkcji głębokich stanów medytacyjnych jest ich zdolność do zwiększania zakresu ludzkich przekonań. W regularnym stanie świadomości na jawie, nasze zmysłowe doznania są ograniczone do ograniczonego spektrum bodźców, które nasze zmysły są w stanie wykryć. Jednak w zmienionych stanach rozpoznania wywołanych medytacją, myśli wydają się przekraczać te przeszkody, uzyskując dostęp do szerszej lub bardziej zniuansowanej różnorodności pojęć. To rozszerzone rozpoznanie może nastąpić na wiele sposobów, w tym poprzez zwiększoną wrażliwość na rozproszone doznania, zmiany w poczuciu czasu i przestrzeni oraz poczucie wyostrzonego instynktu. Niektórzy medytujący zgłaszają badania nad „jasnowidzeniem" lub zdolnością do postrzegania okazji lub danych , które mogą być poza zasięgiem normalnego pojęcia zmysłowego, co sugeruje, że medytacja może również umożliwiać myślom dostęp do informacji z alternatywnych sfer lub równoległych wymiarów.

Koncepcja, że medytacja może ułatwić dostęp do rzeczywistości handlowych lub równoległych wymiarów, jest zgodna z pozytywnymi tradycjami duchowymi i filozoficznymi, które uczą, że umysł nie jest ograniczony do fizycznej ramy, ale jest alternatywnie częścią bardziej znanej uwagi. W tych tradycjach medytacja jest uważana za środek ponownego połączenia się z tymi akceptowanymi myślami, pozwalając postaci doświadczać stanów świadomości wykraczających poza fizyczny świat . Zgodnie z tą perspektywą medytacja oferuje bramę do wyjątkowych płaszczyzn istnienia, oferując potencjał do wglądu w równoległe wszechświaty, alternatywne linie czasu lub głębsze warstwy świadomości, które leżą poza normalnym światem.

Zdolność medytacji do zmiany postrzegania czasu to kolejny problem praktyki, który zwiększa pytania o związek między skupieniem a szerszym materiałem rzeczywistości. W głębokich stanach medytacyjnych wielu praktykujących dokumentuje doświadczenie bezczasowości, w którym zwykły przepływ czasu wydaje się rozpuszczać. Niektórzy doświadczają wrażenia „wieczności", w którym czują, że są poza codziennymi ograniczeniami czasu, istniejąc w narodzie naturalnego rozpoznania, który nie zawsze jest pewny za pośrednictwem liniowego postępu przeszłości, teraźniejszości i przyszłości. Ta ponadczasowa pierwsza klasa medytacji wskazuje, że świadomość może dodatkowo mieć zdolność wykraczania poza codzienne ograniczenia czasu i przestrzeni, niewątpliwie uzyskując dostęp do wersji handlowych rzeczywistości, które istnieją poza konwencjonalnym czasem.

Oprócz konsekwencji dla charakteru, medytacja może również mieć wpływ na zbiorową uwagę. W tradycjach, które kładą nacisk na medytację instytucjonalną lub zbiorową intencję, wraz z tymi praktykowanymi przez pewne społeczności religijne lub na pewnym etapie podczas masowych okazji medytacyjnych, uważa się, że zbiorowa świadomość więcej niż jednej osoby może wywołać zmianę w zbiorowym umyśle. To zjawisko, czasami nazywane „umysłem międzynarodowym" lub „zbiorową świadomością", zakłada, że umysły jednostek są ze sobą powiązane i że poprzez wspólne praktyki medytacyjne grupy ludzi mogą mieć wpływ na zbiorową świadomość ludzkości. Z tego punktu widzenia medytacja może nie tylko być narzędziem indywidualnej transcendencji, ale może również być sposobem na dostęp i wpływanie na równoległe rzeczywistości lub alternatywne wymiary, które są częścią większej, połączonej sieci istnienia.

Ostatecznie, zdolność medytacji do dostosowywania stanów rozpoznania, rozszerzania wiary i ułatwiania głębszego odniesienia do wszechświata zwiększa głębokie pytania dotyczące natury rzeczywistości i potencjału ludzkiej uwagi do uzyskania dostępu do zmiany wymiarów. Czy medytacja oferuje wgląd w równoległe światy, rzeczywistości możliwości lub głębsze poziomy skupienia, pozostaje przedmiotem poważnych spekulacji i eksploracji. Jednak jasne jest, że medytacja oferuje wyjątkową możliwość eksploracji granic myśli, utrudniając naszą informację o granicach wiary i naturze samej rzeczywistości. Czyniąc to, może zapewnić głęboki wgląd w zdolność poznania do istnienia poza granicami cielesnej globalności , otwierając drzwi do nowych państw narodowych możliwości i informacji.

4.4 Rytuały szamańskie, świadomość i wszechświaty równoległe

Szamanizm, historyczne ćwiczenie duchowe obserwowane w wielu rdzennych kulturach na świecie , od dawna jest związane ze zdolnością do uzyskiwania dostępu do niecodziennych stanów świadomości. Szamani, często uważani za duchowych uzdrowicieli lub mediatorów między światem ludzkim a sferą religijną, wykorzystują wiele technik , w tym bębnienie, śpiewy, medycynę roślinną i praktyki rytualne, aby wejść w odmienne stany świadomości. Te odmienne stany pozwalają szamanowi komunikować się z duchami, podróżować do innych sfer i uzyskać dostęp do wiedzy, która w przeciwnym razie jest ukryta przed powszechną wiarą. Niektórzy zwolennicy praktyk szamańskich zalecają, aby te stany świadomości mogły dodatkowo oferować bramę do eksploracji równoległych wszechświatów, zapewniając połączenie pojemnościowe między szamanizmem a najnowocześniejszymi teoriami wielowymiarowych rzeczywistości.

Rytuały szamańskie są różnorodne pod względem swoich konkretnych form, jednak mają wspólne czynniki, w tym głębokie rozpoznanie zmienionych stanów uwagi. Rytuały te często zawierają poważne raporty sensoryczne zaprojektowane w celu zmiany świadomości gracza z normalnej, przyziemnej globalnej na bardziej rozległą i płynną nację bytu. Do najbardziej znanych praktyk należy stosowanie rytmicznego bębnienia i śpiewu, które, jak wykazano, zmieniają aktywność fal mózgowych i wywołują stany transu. Te stany transu są ważne dla szamana, ponieważ ułatwiają zdolność do „podróżowania" poza codzienną rzeczywistość do sfer, które są uważane za święte, przodków lub religijne. Podczas tych podróży szamani mogą również natknąć się na przewodników duchowych, przodków lub istoty z innego świata, a świadomość szamana staje się oderwana od świata fizycznego.

W tych zmienionych stanach szamani regularnie zgłaszają doświadczanie poczucia oderwania od ciała i cielesnej międzynarodówki, oprócz rozszerzonego skupienia na wzajemnym powiązaniu wszystkich rzeczy. To oderwanie od zwykłego świata może dodatkowo pokrywać się z poprawioną wrażliwością na pola siłowe, siły duchowe lub inne wymiary, które są niedostępne w zwykłych stanach świadomości.

Historie napotykane podczas tych zmienionych stanów są często opisywane jako głębokie, a szaman czuje, jakby poruszał się przez wyjątkową rzeczywistość, taką, która może istnieć jednocześnie z naszą własną, ale pozostaje ukryta przed normalną percepcją. W tym odczuciu rytuały szamańskie mogą również oferować natychmiastowe, choć subiektywne, cieszenie się równoległymi wszechświatami, w których szaman uzyskuje dostęp do wymiarów prawdy, które nie są częściej dostępne niż nie.

Stosowanie substancji psychoaktywnych w praktykach szamańskich to kolejny kluczowy szczegół w wielu tradycjach. Rośliny, w tym ayahuasca, pejotl i grzyby psylocybinowe, były wykorzystywane przez szamanów przez setki lat w celu ułatwienia podróży duchowych i pogłębienia ich wiedzy na temat sektora wykraczającego poza normalne przekonania. Materiały te regulują chemiczną i elektryczną rozrywkę umysłu, często wywołując nadmierne wrażenia wizualne i sensoryczne. Te zmienione postrzeganie może również obejmować żywe wizje innych sfer, spotkania z istotami nieludzkimi i głębokie wglądy w naturę istnienia. Dla niektórych historie te są postrzegane jako forma „wycieczki szamańskiej", w której dusza lub rozpoznanie osoby podróżuje przez różne płaszczyzny faktów, być może nawet wchodząc do równoległych wszechświatów.

Fevzi H.

Z naukowego punktu widzenia te odmienne stany świadomości można zrozumieć przez pryzmat neurochemii i charakterystyki mózgu. Psychoaktywne materiały wykorzystywane w praktykach szamańskich często wywołują zmiany w domyślnej społeczności trybu umysłu (DMN), która jest związana z samoodniesieniową ideą i doświadczeniem ego. Kiedy DMN ulega zmianie, jednostki mogą również rozkoszować się rozpuszczeniem ego, doświadczeniem spójności ze wszechświatem i poczuciem teraźniejszości poza ograniczeniami ciała i czasu. Historie te mogą być głębokie, prowadzące do poczucia współzależności ze wszystkimi żyjącymi istotami i głębokiego doświadczenia charakteru stylów życia.

Niektóre teorie zalecają, aby intensywne raporty wywołane za pomocą rytuałów szamańskich i substancji psychoaktywnych zapewniły wgląd w równoległe rzeczywistości lub wymiary zmian. W tym ujęciu zmieniony naród świadomości pozwala myślom uzyskać dostęp do regionów geograficznych, które istnieją wzdłuż naszego własnego, być może w innych częstotliwościach wibracyjnych lub wymiarach. Te równoległe wszechświaty mogą również istnieć jednocześnie, ale nadal są niezauważalne w normalnych warunkach, stając się najbardziej przydatne poprzez zmiany w świadomości wraz z tymi wywołanymi przez praktyki szamańskie. Koncepcja równoległych światów nie jest nowa —

wiele kultur od dawna wierzyło w życie kilku rzeczywistości, regularnie ujętych jako duchowe królestwa lub światy zamieszkane przez bogów, przodków lub duchy. Rytuały szamańskie, poprzez swoją transformacyjną energię, mogą również oferować natychmiastowy sposób interakcji z tymi równoległymi światami, ujawniając wzajemne powiązania wszystkich rzeczywistości.

Jedną z rzeczy szczególnie podkreślających praktyki szamańskie jest nacisk na podróż między światami. Szamani są często przedstawiani jako podróżnicy między światem cielesnym a światem duchowym, zdolni do poruszania się przez różne płaszczyzny życia. Te podróże nie ograniczają się do symbolicznych lub metaforycznych relacji; zamiast tego są często opisywane jako dosłowne podróże w celu wymiany regionów geograficznych. Na przykład szamani mogą również „wejść" do podziemi lub udać się do nieba w poszukiwaniu wskazówek lub uzdrowienia. Te regiony geograficzne są regularnie postrzegane jako oddzielne wymiary, istniejące równolegle do świata ludzkiego, a szamani są uważani za posiadających zdolność do poruszania się między tymi wymiarami poprzez swoje odmienne stany świadomości.

Możliwość połączenia szamanizmu z równoległymi wszechświatami nie zawsze opiera się wyłącznie na stosowaniu substancji psychoaktywnych lub praktykach rytualnych. Wiele rdzennych kultur postrzega podróż szamańską jako sposób nawiązania kontaktu z „innym światem", sferą, która istnieje równolegle do materialnego świata globalnego . W tych tradycjach inny świat nie jest miejscem kreatywności ani mitu, lecz rzeczywistym, namacalnym światem, do którego można uzyskać dostęp poprzez zmienione stany skupienia. Szamani zgadzają się, że ten inny świat zawiera informacje i wiedzę, które mogą być wykorzystane do leczenia, manualnego i ochrony jednostek w materialnym świecie międzynarodowym. Te regiony geograficzne, choć niewidoczne dla większości ludzi, są postrzegane jako niezbędne części kosmosu , obecne i splecione ze światem cielesnym. Szaman, poprzez swoje praktyki rytualne, działa jako mediator między tymi światami, ułatwiając komunikację i interakcję między ludzkim światem globalnym a geograficznymi regionami duchów i przodków.

Niektóre współczesne interpretacje praktyk szamańskich sugerują, że badania przeprowadzane za pomocą rytuałów szamańskich mogą zapewnić dostęp do równoległych wszechświatów lub wymiarów, które istnieją poza granicami normalnej prawdy. Z tego punktu widzenia podróże szamańskie nie są po prostu metaforycznymi lub psychologicznymi recenzjami, ale mogą reprezentować rzeczywiste wizyty w alternatywnych rzeczywistościach. Te rzeczywistości, nawet jeśli są niezauważalne dla większości ludzi, mogą obejmować niesamowite jednostki praw, istot i energii, a zdolność szamana do uzyskania do nich dostępu może dodatkowo zapewnić wgląd w naturę wielowymiarowego stylu życia.

Powiązanie między szamanizmem, odmiennymi stanami uwagi i równoległymi wszechświatami daje czarujące skrzyżowanie starożytnej wiedzy religijnej i obecnych teorii medycznych. Podczas gdy główny nurt technologii musi jeszcze w pełni zbadać możliwości praktyk szamańskich jako metody dostępu do alternatywnych rzeczywistości, subiektywne historie osób uczestniczących w tych rytuałach dostarczają przekonujących dowodów na to, że świadomość może rzeczywiście wykraczać poza ograniczenia zwykłej percepcji. Niezależnie od tego, czy te recenzje są jakościowo rozumiane jako wycieczki do wymiarów zmian, czy jako złożone, symboliczne reprezentacje wewnętrznych taktyk mentalnych, nadal inspirują do eksploracji charakteru uwagi i tajemnic wszechświata. W wielu metodach rytuały szamańskie zapewniają głębokie, doświadczalne ramy dla wiedzy o zdolności ludzkiej świadomości do uzyskania dostępu do regionów geograficznych poza fizycznym światem, wskazując na możliwość, że nasze umysły mogą podróżować przez równoległe wszechświaty, tak jak szamani czynili to przez tysiąclecia.

4.5 W jaki sposób ludzki umysł potrafi naginać rzeczywistość?

Ludzkie myśli, jedna z najbardziej złożonych i pierwszorzędnych konstrukcji we wszechświecie, są podstawowym narzędziem, za pomocą którego ludzie wchodzą w interakcję z sektorem. Jednak coraz częściej wiadomo, że umysł nie tylko postrzega sektor, ale także ma zdolność do kształtowania, zginania, a nawet odtwarzania go. Aby zrozumieć tę zdolność, ważne jest, aby zagłębić się w naturę świadomej miłości, pojęcia i prawdy. Zdolność umysłu do zginania prawdy nie jest tylko pytaniem filozoficznym, ale także obszarem badań naukowych i psychologicznych.

Rzeczywistość jest często uważana za obiektywny byt, obecny niezależnie od naszych umysłów. Jednak ludzie nie doświadczają już świata wyłącznie poprzez percepcje sensoryczne; interpretują i filtrują te percepcje za pomocą świadomych myśli i przekonań. Wiara w fakty jest kształtowana za pomocą niepublicznych raportów, kulturowej przeszłości historycznej, stanu emocjonalnego i procesów intelektualnych. Oznacza to, że sposób, w jaki rozumiemy świat cielesny, jest motywowany przez dynamiczne połączenie wewnętrznych i zewnętrznych strategii. Umysł z pewnością nie odzwierciedla zewnętrznego świata ; konstruuje jego wersję lub mapę, często rozwijając niepubliczną wersję faktu.

Na przykład, gdy widzimy obiekt, nie zawsze wystarczy, aby światło rzeczywiście wzbiło się z obiektu i dotarło do naszych oczu. Nasz umysł zbliża się do tych fal świetlnych i „tworzy" obiekt. Ta metoda tworzenia za pomocą umysłu jest czymś więcej niż tylko biernym pojęciem — aktywnie rekonstruuje świat, nadając znaczenie za pomocą każdej wewnętrznej i zewnętrznej techniki. W ten sposób prawda zamienia się w dynamiczną i stale ewoluującą konstrukcję uformowaną za pomocą myśli.

Jednym z najwyraźniejszych przykładów zdolności umysłu do naginania prawdy są iluzje percepcyjne. Iluzje percepcyjne występują, gdy umysł błędnie interpretuje lub błędnie przedstawia statystyki sensoryczne. Na przykład możemy również postrzegać skalę lub kolor obiektu w inny sposób, a w niektórych przypadkach możemy również błędnie ocenić upływ czasu lub intensywność światła. Te błędy w przekonaniach są odzwierciedleniem sposobów, w jakie mózg przetwarza dane i konstruuje modele mentalne sektora. Percepcja nie odzwierciedla bezpośrednio faktów cielesnych; jest to skonstruowana ich reprezentacja. Myśl przetwarza i interpretuje bodźce zewnętrzne za pomocą filtra ukształtowanego za pomocą doświadczeń pozaziemskich, stanów emocjonalnych i uprzedzeń poznawczych.

Podejmując podobny krok, wkraczamy w sferę „manipulacji umysłowej", która odnosi się do zdolności osoby do świadomego kształtowania swojego umysłu i przekonań, zmieniając w ten sposób jej postrzeganie rzeczywistości. Na przykład w terapii poznawczo-behawioralnej ludzie są uczeni, aby zadawać i przeformułowywać złe myśli, aby zamienić swoje przekonania na temat działań. Ta metoda manipulacji intelektualnej pokazuje, jak głęboko umysł może wpłynąć na to, co doświadczamy jako „prawdę". Poprzez świadomą próbę jednostki mogą modyfikować swoje reakcje emocjonalne i przekształcać swój światopogląd, skutecznie naginając rzeczywistość na swoją korzyść.

Aby dodatkowo zbadać elektryczność umysłu, aby zginać rzeczywistość, możemy przyjrzeć się fizyce kwantowej. Mechanika kwantowa, idea wyjaśniająca zachowanie cząstek na etapie subatomowym, daje perspektywę, w której obserwator odgrywa kluczową rolę w formowaniu się faktu. Według wielu fizyków kwantowych zachowanie cząstki może się zmieniać w zależności od tego, czy jest ona zlokalizowana, czy nie. Zjawisko to, powszechnie znane jako „wpływ obserwatora", sugeruje, że akt obserwacji nie zawsze jest pasywny, ale aktywnie wpływa na zachowanie urządzenia, które jest lokalizowane.

Ta koncepcja wpływu umysłu na rzeczywistość rozciąga się na szerszą interpretację metafizyczną — niektóre teorie sugerują, że ludzkie skupienie mogłoby mieć siłę, aby wprowadzić pewne możliwości w życie. W tym kontekście myśli mogą być widoczne jako gracz w rozwijaniu lub załamywaniu wyników zdolności, podobnie jak obserwator kwantowy wpływający na zachowanie cząstek. Ta idea doprowadziła do teorii sugerujących, że świadoma koncepcja i stwierdzenie mogą nie najlepiej wpływać na materialną rzeczywistość międzynarodową, ale dodatkowo mieć moc tworzenia równoległych rzeczywistości lub alternatywnych linii czasu. Tak więc idea „zginania faktów" rozszerza się poza pojęcie na samą materię życia, sugerując, że myśli mogą tworzyć lub może tworzyć wszechświat, którego doświadczają.

Wpływ umysłu na rzeczywistość nie jest tylko teoretyczną ideą — przejawia się on również w praktycznym, normalnym życiu. Sposób, w jaki ludzie postrzegają świat, jest w dużej mierze inspirowany ich myślami, przekonaniami i emocjami. Światopogląd danej osoby, ukształtowany za pomocą technik jej wewnętrznej koncepcji, może mieć szeroki wpływ na jej przyjemność z zewnętrznych działań. Na przykład osoba o dobrym nastawieniu może dodatkowo stawiać czoła wymagającym sytuacjom z większą odpornością i nastawieniem na rozwiązywanie problemów, podczas gdy osoba o złym nastawieniu może również postrzegać te same warunki jako nie do pokonania bariery.

W wyjątkowym przypadku świadomość i cel stały się centralnym wyposażeniem do zginania faktów. Medytacja, wizualizacja i inne strategie intelektualne są wykorzystywane do ukierunkowania energii myśli bliżej unikalnych celów. Praktyki te obejmują dostosowanie myśli do wybranego celu i pielęgnowanie przekonania, że cel jest osiągalny. Uważa się, że poprzez koncentrację na preferowanych wynikach końcowych i mentalne „rozwijanie" ich, ludzie wpływają na swoją zewnętrzną prawdę. Ta koncepcja, zwana „Prawem Przyciągania" lub podobnymi myślami, wskazuje, że poprzez mentalną świadomość i wiarę, ludzie mogą ukazać swoje cele w fizycznym globalnym . Takie praktyki ilustrują podejścia, w których mentalne metody mogą zmienić upodobanie danej osoby do prawdy.

Ludzki umysł ma niesamowitą zdolność nie tylko do postrzegania sektora, ale także do jego formowania i zginania. Poprzez wiarę, manipulację umysłową i zdolność wpływania na uwagę na etapie kwantowym, umysł jest daleki od bycia biernym obserwatorem. Aktywnie uczestniczy we wprowadzaniu prawdy, którą analizuje, pokazując, że fakt nie zawsze jest stały, ale jest podatny na zmiany i świadomy naszych strategii umysłowych. Ten potencjał myśli do zginania faktu ma głębokie implikacje dla sposobu, w jaki pojmujemy rozpoznanie, style życia i naturę wszechświata.

ROZDZIAŁ 5

Ta sama świadomość w różnych wszechświatach czy różne „ja"?

5.1 Tożsamość we wszechświatach równoległych: to samo „ja" czy różne wersje?

Koncepcja równoległych wszechświatów sugeruje, że nasz wszechświat nie zawsze jest najlepszym faktem i że istnieje wiele ekskluzywnych równoległych wszechświatów współistniejących. Koncepcja ta opiera się na koncepcjach mechaniki kwantowej i interpretacji różnych światów. Jednak jednym z najciekawszych pytań stawianych przez tę koncepcję jest to, czy istnieje ciągłość tożsamości w tych wszechświatach. Czy „ja", które znamy, jest ograniczone do niepołączonego wszechświata, czy może mieć kilka wariantów w unikalnych równoległych rzeczywistościach?

Aby rozwiązać to pytanie, musimy najpierw zrozumieć idee identyfikacji i jaźni. Ludzka tożsamość jest zwykle opisywana za pomocą zestawu cech, wspomnień, myśli i emocji. Tożsamość jest strukturą, która ewoluuje w czasie, od razu połączona ze stanami psychicznymi i cielesnymi jednostki. Jak więc tożsamość wymienia się lub pozostaje spójna w równoległych wszechświatach? Czy to samo „ja" znajduje się w określonych rzeczywistościach, czy też każdy równoległy wszechświat tworzy wspaniałą identyfikację?

Gdy nie zapominamy o idei różnych światów, jesteśmy w stanie wyobrazić sobie, że osoba dokonuje różnych wyborów w każdym równoległym wszechświecie, prowadzących do odrębnych żyć. W tej sytuacji każdy równoległy wszechświat ma zdolność do stworzenia specjalnego „ja". Na przykład w jednym wszechświecie ktoś jest prawdopodobnie odnoszącym sukcesy naukowcem, podczas gdy w każdym innym ta sama postać może być artystą ze względu na specjalne wybory. To może przemawiać za tym, że idea „ja" w równoległych wszechświatach nie jest pojedynczym bytem, ale raczej kilkoma wersjami tożsamości.

Istnieją wyłączne poglądy na tę koncepcję. Niektórzy filozofowie i naukowcy twierdzą, że każdy model w równoległym wszechświecie pochodzi z tej samej początkowej tożsamości, jednak rozchodzi się z powodu konkretnych przeglądów życia. Inni zgadzają się, że każdy wszechświat tworzy bezstronną identyfikację, bez ciągłości między wszechświatami. Zgodnie z tym poglądem, „ja" w każdym wszechświecie jest całkowicie odcięte od tych w innych wszechświatach.

Tożsamość nie zawsze jest najlepiej związana z cielesnym stylem życia, ale także z intelektualną ciągłością. Aby ta ciągłość została zachowana, czyjeś myśli i wspomnienia mogą chcieć przełączać się między wszechświatami. Jeśli każdy model kogoś w równoległym wszechświecie ma niezależny intelektualny kształt, czy „ja" nadal cieszy się ciągłością? Czy też każda wersja „ja" zaczyna się od nowa w każdym wszechświecie?

Niektóre perspektywy teoretyczne opowiadają się za tym, że identyfikacja jest systemem, który ewoluuje na przestrzeni lat, wspierany przez recenzje i selekcje. Gdyby osoba w pojedynczym wszechświecie dokonała wyjątkowego wyboru, mogłoby to wpłynąć na jej kształt mentalny. Dlatego każdy wszechświat równoległy miałby swoją własną historię i przeznaczenie, jednocześnie wpływając na niepubliczną identyfikację. W tym scenariuszu „ja" w każdym wszechświecie równoległym mogłoby niewątpliwie mieć odrębną i niezależną tożsamość.

W scenariuszach okazji świadomy kraj i identyfikacja osoby mogą być ukształtowane w inny sposób. Na przykład, jeśli osoba w pojedynczym równoległym wszechświecie popełniła błąd, a jej życie rozeszło się w odrębnym kierunku, ten przykład podnosi pytanie, czy identyfikacja zachowuje ciągłość w wyłącznych odmianach prawdy. Tutaj tożsamość jest teraz uważana nie tylko za konstrukcję biologiczną, ale także za świadomą metodę. Jednak krytycy tego poglądu twierdzą, że każdy model „ja" w równoległych wszechświatach biurokratyzuje nową tożsamość, która jest niezależna od innych.

Fizyka kwantowa i idea wszechświatów równoległych podejmują również koncepcję ciągłości identyfikacji. Superpozycja kwantowa odnosi się do zdolności cząstki do natychmiastowego istnienia w wielu stanach. Jeśli porównywalna metoda zostanie wdrożona do ludzkiej identyfikacji, czy osoba może chcieć, aby skupienie się na niej tworzyło wiele wersji samej siebie w równoległych wszechświatach? Chociaż pozostaje to otwartym pytaniem, wielu naukowców twierdzi, że bez ciągłości wariacje „ja" w każdym równoległym wszechświecie byłyby całkowicie bezstronnymi bytami.

Podsumowując, kwestia identyfikacji w równoległych wszechświatach jest zagadką filozoficzną i kliniczną. Czy tożsamość opiera się na regularnie występującej ciągłości, czy też jest odtwarzana w każdym równoległym wszechświecie? To pytanie powinno mieć głęboki wpływ zarówno na naszą wiedzę o poznaniu, jak i na nasze rozumienie wszechświata. Jeśli to samo „ja" istnieje w równoległych wszechświatach, to uwaga i tożsamość mogą nie ograniczać się do naszej cielesnej rzeczywistości, ale przeciwnie, mogą się rozszerzać w więcej niż jednej rzeczywistości. Z drugiej strony, jeśli każdy równoległy wszechświat tworzy odrębną tożsamość, może to zapewnić nowe perspektywy na to, jak identyfikacja ewoluuje i istnieje w różnych wymiarach rzeczywistości.

Idea równoległych wszechświatów i tożsamości jest kluczem do zrozumienia natury ludzkich myśli i świadomości. Jednak znalezienie ostatecznych odpowiedzi na te pytania nie będzie już wymagało odkryć klinicznych, ale także kwestii filozoficznych i metafizycznych. To, w jaki sposób tożsamość ewoluuje w czasie i w równoległych wszechświatach, daje głębokie nastawienie do złożoności wszechświata i energii ludzkiej uwagi.

5.2 Drzewa decyzyjne kwantowe i alternatywne przeznaczenia

Koncepcja krzaków decyzyjnych jest powszechnie stosowana w dziedzinach takich jak informatyka, w których są one zatrudniane do mapowania różnorodnych wyborów i wyników w oparciu o różne zmienne. Jednak gdy przechodzimy z klasycznych ram do sfery kwantowej, dokonywanie wyborów przybiera zupełnie nowy rozmiar, zasadniczo zmieniając sposób, w jaki postrzegamy wybory i ich skutki. Koncepcja krzaków kwantowych wyborów wynika z przecięcia mechaniki kwantowej i zasady selekcji, sugerując, że każda decyzja podjęta na poziomie kwantowym może również skutkować wykładniczym rozgałęzieniem możliwości, z których każda reprezentuje alternatywne przeznaczenie.

W swojej istocie zasada drzew wyboru kwantowego eksploruje ideę, że w każdym punkcie wyboru system może również rozdzielić się na więcej niż jedną gałąź, każda podobna do innego możliwego wyniku końcowego. Te możliwości rozgałęzienia nie są wyraźnie hipotetyczne — mogłyby w rzeczywistości współistnieć w równoległych rzeczywistościach. Każda „gałąź" drzewa decyzyjnego mogłaby reprezentować unikalny model prawdy, z jego własnymi szczególnymi wynikami, okazjami i trajektoriami. Zasadniczo drzewo wyboru kwantowego oferuje ramy dla wiedzy o multiwersum — równoczesnych stylach życia wielu unikalnych wszechświatów wynikających z różnych wyborów dokonanych w każdym punkcie w czasie.

W sercu kwantowego wyboru drewna leży koncepcja superpozycji kwantowej, która opisuje, w jaki sposób cząstki lub układy mogą istnieć w więcej niż jednym stanie jednocześnie. Na przykład cząstka kwantowa, taka jak elektron, może znajdować się w superpozycji każdego stanu spin-up i spin-down, dopóki nie zostanie zaobserwowana. W kontekście podejmowania decyzji oznacza to, że w każdym punkcie wyboru nie ma pojedynczych, z góry określonych wyników końcowych. Zamiast tego system może jednocześnie odkrywać wszystkie wyniki zdolności, obecne we wszystkich natychmiast, dopóki obserwacja lub pomiar nie zmusi go do jednego kraju.

Tę metodę można porównać do kwantowego drzewa decyzyjnego, w którym każdy wybór prowadzi do technologii najnowszych gałęzi, z których każda reprezentuje wyjątkowy naród urządzenia. W klasycznej zasadzie selekcji jesteśmy zaznajomieni z rozważaniem wyborów jako ścieżkami, które powodują niepowiązany wynik. Jednak w świecie kwantowym te wybory mogłyby stworzyć więcej niż jedną ścieżkę, która współistnieje, prowadząc do bałaganu możliwych konsekwencji, z których każda zajmuje oddzielny dział drzewa selekcji.

Interpretacja wielu światów (MWI) mechaniki kwantowej przedstawia jeden z możliwych powodów, dla których kwantowe drzewa decyzyjne mogą chcieć zapewnić pchnięcie w górę wszechświatom równoległym. Według MWI, za każdym razem, gdy zdarza się zdarzenie kwantowe z kilkoma możliwymi wynikami, wszechświat „rozszczepia się" na niesamowite gałęzie, z których każda odpowiada wyjątkowej możliwości. Oznacza to, że każdy możliwy wynik wyboru jest realizowany w oddzielnym, równoległym wszechświecie, który następnie utrzymuje, że dostosowuje się niezależnie.

Na przykład, przypomnij sobie łatwą decyzję, w której powinieneś wybrać pomiędzy dwoma ruchami. W świecie klasycznym, będziesz mieć pragnienie, a wszechświat mógłby zachować się w oparciu o ten wybór. W świecie kwantowym , jednakże, oba wybory mogą dodatkowo występować równocześnie, przy czym każdy z nich skutkuje odrębnymi wynikami końcowymi i każdy z nich jest obecny w jego własnym równoległym wszechświecie. Te równoległe wszechświaty utrzymują się wówczas dopasowując się niezależnie, każdy zawierający model ciebie, który stworzył unikalne pragnienie w danym momencie.

W tym odczuciu kwantowe drewno decyzyjne kształtuje fundamenty wiedzy, w jaki sposób każdy nasz wybór —

niezależnie od tego, czy jest duży, czy mały — tworzy nowe wszechświaty. Każdy wszechświat reprezentuje niesamowity „dział" faktów, ukształtowany poprzez wybory ludzi i struktury kwantowe, które rządzą światem. Ten pogląd sugeruje, że znaczny multiwersum równoległych rzeczywistości stale się powiększa, a każdy wybór przyczynia się do stale rosnącego drzewa możliwych przeznaczeń.

Jednym z najbardziej głębokich implikacji drzew selekcji kwantowej jest potencjalne wyzwanie, jakie stawiają one naszej wiedzy o wolnej woli i determinizmie. W myśli klasycznej mamy tendencję do postrzegania wyborów jako luźnych lub z góry określonych. Deterministyczny wszechświat sugeruje, że każde zdarzenie, składające się z ruchów człowieka, jest końcowym rezultatem wcześniejszych przyczyn, nie pozostawiając miejsca na prawdziwą wolną wolę. Z kolei mechanika kwantowa wprowadza element niepewności, a wynik pewnych zdarzeń nie jest już ściśle określony, dopóki nie zostaną odkryte.

Kwantowe drewno selekcji idzie dalej, sugerując, że każdy wybór tworzy kilka rzeczywistości, w których odkrywane są specjalne konsekwencje. Jednak jeśli każdy możliwy wynik występuje, czy oznacza to, że jesteśmy jedynie graczami na z góry określonym poziomie, bez rzeczywistej organizacji w podejmowanych przez nas decyzjach? Czy też samo rozgałęzienie krzewów decyzji kwantowych daje początek nowym rodzajom wolnej woli, w której każda nasza preferencja dzieli wszechświat na nową edycję faktu?

Koncepcja losów możliwości w kwantowym selekcjonowaniu drewna podnosi istotne pytania filozoficzne na temat przeznaczenia i osobistej korporacji. Jeśli każda preferencja tworzy zupełnie nowy wszechświat, czy to oznacza, że nasza przyszłość jest rozciągnięta na nieskończoną różnorodność rzeczywistości? Czy „właściwa" lub „niewłaściwa" preferencja jest kwestią perspektywy, w zależności od tego, na którą wersję siebie patrzymy w danym wszechświecie? W tym ujęciu nasze poczucie wolnej woli nie będzie w żadnym wypadku fantazmatem, ale raczej naturalnym efektem nieograniczonych możliwości, które wynikają z każdego czynnika selekcji.

Jednym z najbardziej przekonujących elementów kwantowych krzaków decyzyjnych są ich implikacje dla świadomości i samouważności. Jeśli każdy wybór skutkuje wprowadzeniem równoległych rzeczywistości, w których nasze subiektywne badania „ja" mieszczą się w tych ramach? Jako ludzie, rozkoszujemy się najprostszym wynikiem w każdej danej sekundzie — tym, co mówimy jako naszą „prawdę". Ale jeśli więcej niż jedna wersja nas samych istnieje w równoległych wszechświatach, każda podobna do jedynej w swoim rodzaju alternatywy, w jaki sposób rozumiemy naszą osobistą świadomość w tych rzeczywistościach?

Jedną z możliwości jest to, że samoodzwierciedlony obraz i uwaga mogą być dodatkowo podzielone na wszechświaty, przy czym każda wersja „ciebie" w odrębnym wszechświecie posiada własną niesamowitą świadomość. W takim przypadku będziesz świadomy wyniku dokonanych przez siebie wyborów, jednak będziesz mógł uzyskać dostęp tylko do wersji siebie, która istnieje w twoim konkretnym wszechświecie. Podczas gdy twoja uwaga jest zakorzeniona w pojedynczej osi czasu, jest ona daleko powiązana z szerszą siecią możliwości stworzoną przez wykorzystanie kwantowych drzew decyzyjnych.

Alternatywnie, jeśli mechanika kwantowa dopuszcza „umysł kwantowy", który może natychmiast postrzegać wiele rzeczywistości, jest możliwe, że nasza świadomość może istnieć na wyższym poziomie, zdolnym do uzyskania dostępu do równoległych wszechświatów poza ograniczeniami liniowego czasu i obszaru. W tym ujęciu możesz mieć zdolność postrzegania więcej niż jednej wersji siebie, z których każda żyje w unikalnym przeznaczeniu w niezwykłym wszechświecie, tworząc głębszą wiedzę na temat identyfikacji i istnienia w nieskończonych rzeczywistościach.

Ponieważ nie zapominamy o kwantowym drewnie decyzyjnym i rozgałęzionych ścieżkach losów możliwości, musimy również zastanowić się nad znaczeniem naszych wyborów. W multiwersum nieograniczonych możliwości, w którym każdy wybór kończy się wprowadzeniem zupełnie nowego wszechświata, czy każda wersja nas samych cieszy się tym samym poczuciem rozsądku i tego, co oznacza? Czy też same style życia alternatywnych losów tworzą doświadczenie nieistotności lub względności?

W klasycznej filozofii znaczenie jest często powiązane z alternatywami, które podejmujemy w naszym skończonym stylu życia. Jednakże, jeśli nasze decyzje generują nieskończone gałęzie faktów, znaczenie każdego niezamężnego pragnienia może wydawać się rozwodnione, zagubione wśród niezliczonych opcji. Z drugiej strony, sama wielość przeznaczeń może również zwiększyć wartość każdego pragnienia, podkreślając bogactwo i głębię ludzkiego rozkoszowania się, gdy poruszamy się po stale rozszerzającym się wszechświecie możliwości.

Ostatecznie, kwantowe krzaki decyzyjne oferują potężne ramy do zrozumienia złożoności wszechświata i funkcji ludzkiej organizacji w nim. Doradzają, że każde nasze pragnienie ma dalekosiężne rezultaty, nie tylko w naszym własnym życiu, ale w nieskończonej liczbie równoległych wszechświatów. Niezależnie od tego, czy na pewno rozumiemy pełne implikacje tej idei, czy nie, wymaga ona od nas ponownego rozważenia natury rzeczywistości, przeznaczenia i samej natury jaźni.

5.3 Czy w alternatywnych wszechświatach możliwe są różne życia?

Wiara w równoległe wszechświaty, lub multiwersum, pokazuje kuszącą okazję: że różne odmiany nas samych powinny istnieć w rzeczywistościach handlowych, każda żyjąca innym życiem. W tym kontekście pojawia się pytanie — czy powinniśmy żyć absolutnie konkretnym życiem w równoległych wszechświatach, życiem ukształtowanym przez nieograniczone wybory, których dokonujemy, i niezliczone odmiany naszych działań? Ta linia idei kwestionuje samą istotę naszego doświadczenia identyfikacji, przyszłości i ograniczeń ludzkiego doświadczenia.

Koncepcja zmiany żyje w równoległych wszechświatach wiąże się bezpośrednio z Interpretacją Wielu Światów (MWI) mechaniki kwantowej, która zakłada, że każda kwantowa okazja, która przyniosłaby kilka rezultatów, tworzy podział we wszechświecie. Każdy możliwy wynik rozwija się w swoim własnym cudownym fakcie, co oznacza, że dla każdego wyboru, formowany jest nowy „dział" multiwersum. Te gałęzie reprezentują niezwykłe odmiany prawdy, a w każdym z nich może istnieć również nowa wersja nas samych, żyjąca całkowicie niezwykłym istnieniem w oparciu o wybory dokonane w tym wszechświecie.

Zgodnie z interpretacją wielu światów, za każdym razem, gdy stajemy przed wyborem z więcej niż jedną wykonalną konsekwencją, wszechświat dzieli się na unikalne gałęzie, z których każda jest podobna do odrębnego wyniku. Oznacza to, że dla każdego pragnienia, jakie wyrażamy — czy jest to tak proste, jak to, co zjeść na śniadanie, czy tak duże, jak wybór ścieżki zawodowej — powstaje zupełnie nowy wszechświat. W wielu z tych wszechświatów konsekwencje tych wyborów mogą również powodować bardzo różne odmiany nas samych.

Wyobraź sobie scenariusz, w którym ktoś staje przed dwoma wyborami: przeprowadzić się do zupełnie nowej metropolii lub zamieszkać w swojej nowoczesnej. W jednym wszechświecie postać może również wybrać życie, a jej życie podąża tą ścieżką. W innym wszechświecie może zdecydować się na transport, a jej istnienie przyjmuje zupełnie inną trajektorię, ukształtowaną przez zupełnie nowe otoczenie, ludzi i doświadczenia. W tym sensie równoległe wszechświaty mogą reprezentować zmianę życia, jaką moglibyśmy przeżyć, gdybyśmy dokonali wyłącznych wyborów w kluczowych momentach w naszych prywatnych zapisach.

Ten rozgałęziony kształt wszechświata nie zawsze ogranicza się do przyziemnych wyborów. Ważne wydarzenia życiowe — w tym wybór partnera , wybór zawodu lub podjęcie określonej ścieżki edukacyjnej — powinny powodować głębokie zmiany w życiu w równoległych wszechświatach. Te zmiany mogą się rozszerzyć na wszystkie elementy istnienia:

osobowość, relacje, osiągnięcia, katastrofy, a nawet sposób, w jaki doświadczamy sektora.

Jeśli równoległe wszechświaty dają pchnięcie w górę jedynym w swoim rodzaju wersjom nas samych, pojawia się pytanie: Jak rzeczywiste są te życia handlowe? Czy te wersje nas samych na pewno istnieją i czy prowadzą kompletne, oddzielne istnienia? Zgodnie ze standardami mechaniki kwantowej, każdy ostateczny wynik wewnątrz podzielonego wszechświata jest podobnie rzeczywisty, co oznacza, że każda możliwa wersja faktu jest w pełni zrealizowana w swoim własnym wszechświecie.

W tym ujęciu te alternatywne życia nie są tylko hipotetyczne lub wyobrażone — mogą być tak rzeczywiste i uzasadnione jak nasze własne. Każda wersja nas samych, żyjąca odrębnym życiem w niezwykłym wszechświecie, ocenia swoją rzeczywistość tak namacalnie, jak my doświadczamy swojej. To rodzi intrygujące pytania o identyfikację i charakter jaźni. Jeśli będziemy istnieć w kilku wszechświatach, z których każdy będzie żył w innym modelu naszego życia, czy stracimy poczucie indywidualności? Czy też nasze właściwe ja nie jest opisane przez żadną pojedynczą wersję, ale przez wszystkie możliwości razem wzięte?

Istotnym pytaniem związanym z wymianą życia w równoległych wszechświatach jest charakter tożsamości osobistej. W naszych dzisiejszych informacjach, zarysowujemy naszą tożsamość poprzez style życia, w których żyjemy — relacje, które tworzymy, wybory, których dokonujemy i opinie, które mamy. Jednak w multiwersum, w którym powinno istnieć kilka wersji nas samych, jak definiujemy, kim naprawdę jesteśmy?

Jedną z możliwości jest to, że niepubliczna tożsamość będzie widoczna jako płynna i podatna na zmiany w kilku rzeczywistościach. Każdy model „ciebie" w uniwersum handlowym może posiadać niezwykłą osobowość lub historie życia, a mimo to wszystkie są równie „tobą" w swoich odpowiednich wszechświatach. To podważa nasze tradycyjne informacje o „ja" jako unikalnym, niezmiennym bycie. Zamiast tego, „ja" może być lepiej rozumiane jako zbiór nieskończonych możliwości, z których każda istnieje w swoim własnym konkretnym wszechświecie, z pewnością zbiorowo poprzez kilka form ukrytej świadomości lub tożsamości.

Alternatywnie, jeśli ktoś definiuje tożsamość za pomocą życia, które obecnie prowadzi, idea równoległych wszechświatów dostarcza paradoksu. Podczas gdy możemy również nie zapomnieć o tym, że jesteśmy jednym spójnym mężczyzną lub kobietą w naszym osobistym wszechświecie, style życia równoległych wersji nas samych komplikują to poczucie ciągłości. Czy te inne wersje są mimo wszystko „nami", czy też są całkowicie odrębnymi ludźmi? Czy my, w pewnym sensie, istniejemy jako para ludzi w różnych wymiarach, prowadząc całkowicie wyjątkowe życia?

Stopień rozróżnienia między życiami zmian w równoległych wszechświatach to kolejne interesujące pytanie. Jeśli każda podejmowana przez nas decyzja tworzy zupełnie nową gałąź w multiwersum, jak bardzo rozbieżne mogą być te życia? Z jednej strony różnice mogą być zaskakująco niewielkie — być może jedna wersja ciebie podąża określoną ścieżką do malarstwa, podczas gdy każda inna podejmuje decyzję o realizacji specjalnego hobby. Te wersje mogą mieć wiele podobieństw, przy czym najprostsze małe wersje dotyczą informacji o ich życiach.

Z drugiej strony, niektóre wersje nas samych mogą być wyjątkowo ekskluzywne. Na przykład w jednym wszechświecie ktoś mógł wybrać bardzo konkretną karierę, poślubić inną osobę, a nawet żyć w zupełnie wyjątkowym kontekście kulturowym lub historycznym. W takich przypadkach zmieniająca się egzystencja może chcieć wyglądać zupełnie inaczej niż ta, której doświadczamy, z całkowicie nowymi zestawami wymagających sytuacji, relacji i możliwości.

Te alternatywne życia, w zależności od okoliczności ich powstania, mogą również obejmować podejścia, które są całkowicie poza naszym zrozumieniem. Co jeśli w jakimkolwiek innym wszechświecie zdecydowałbyś, że zauważalnie zmienisz ścieżkę ludzkich zapisów, lub ewentualnie obrałeś całkowicie wyłączną ścieżkę ewolucyjną? Możliwości są niezliczone, a każdy model twojego istnienia zostałby ukształtowany za pomocą wyborów dokonanych w tym wszechświecie.

Koncepcja alternatywnych żyć w równoległych wszechświatach ma również głębokie implikacje dla kontrowersji między wolną wolą a determinizmem. Jeśli każdy nasz wybór prowadzi do nastania nowego wszechświata, czy oznacza to, że nasze wybory są po prostu luźne, czy też są po prostu częścią z góry określonej struktury kosmicznej?

Jedna z interpretacji teorii multiwersum pokazuje, że każdy możliwy wybór jest realizowany w specjalnych wszechświatach, co oznacza, że podczas gdy czujemy, że chociaż ćwiczymy wolną wolę, nasze wybory są częścią nieuchronnej, rozgałęzionej procedury, która ma miejsce w każdej sekundzie. Z tego punktu widzenia wolna wola może być nadal fantazmatem, jednak sama liczba równoległych wszechświatów stworzonych za pomocą naszych wyborów utrudnia zrozumienie tego jako wszechświata deterministycznego.

Alternatywnie, życie życia zmian może być widoczne jako dowód właściwej, swobodnej woli. Rzeczywistość, że każda decyzja tworzy zupełnie nowy wszechświat, wskazuje, że aktywnie kształtujemy naszą przyszłość z każdą dokonaną przez nas preferencją, rozwijając nową wersję nas samych i naszego wszechświata z każdym działaniem. W tym kontekście wolna wola może być postrzegana jako skuteczna presja, która zazwyczaj kształtuje multiwersum, czyniąc każde pragnienie znaczącym i wspaniałym.

Koncepcja, że niezwykłe odmiany nas samych mogą chcieć istnieć w równoległych wszechświatach, otwiera również możliwość prywatnego rozwoju w obrębie specjalnych rzeczywistości. Jeśli każda wersja nas samych zamieszkuje specjalne istnienie, może powinniśmy zbadać te zmieniające się wersje nas samych? Czy recenzje 1 modelu „ciebie" mogłyby służyć jako lekcja lub źródło świadomości dla innej wersji?

W pewnym sensie koncepcja życia w równoległych wszechświatach sugeruje wielowymiarowy pogląd na rozwój osobisty. Kiedy dokonujesz wyborów w swoim życiu, nie tylko tworzysz nowe efekty dla siebie, ale także przyczyniasz się do rozwoju nieograniczonych różnych wersji swojej tożsamości. Powinno to oferować nowe ścieżki do samorozwoju i eksploracji, ponieważ każdy model siebie informuje o wyjątkowej drodze do rozwoju osobistego.

Ostatecznie koncepcja różnych żyć w wymiennych wszechświatach zachęca nas do ponownego rozważenia naszej wiedzy o identyfikacji, przyszłości i luźnej woli. Sugeruje, że nasze życie nie jest stałe, ale jest alternatywnie częścią pełnowymiarowej, rozgałęzionej społeczności możliwości, w której każdy dokonany przez nas wybór skutkuje nowymi i rozbieżnymi rzeczywistościami.

5.4 Sen w śnie: warstwowa struktura świadomości

Natura poznania była jednym z najbardziej głębokich i dyskutowanych tematów ludzkości. Wraz z rozwojem badań nad tym, jak działa nasz umysł, staje się oczywiste, że świadome doświadczenia są złożone, a pragnienia odgrywają kluczową rolę w eksploracji tego obszaru. Koncepcja snu w śnie służy jako kluczowy przykład sposobów, w jakie jesteśmy w stanie zrozumieć warstwowy kształt poznania. To zjawisko pozwala nam zagłębić się zarówno w strukturę pragnień, jak i w powiązania różnych poziomów świadomych stanów.

Termin „sen w śnie" odnosi się do sytuacji, w której osoba wierzy, że się obudziła, a jedynie odkrywa, że nadal śni. Ta okoliczność oznacza, że uwaga może mieć również wielowarstwowy kształt, a świadome raporty mogą istnieć w oddzielnych, ale połączonych płaszczyznach. Koncepcja ta była szeroko dyskutowana w dwudziestowiecznych kręgach filozoficznych i mentalnych. Filozofowie tacy jak Kartezjusz, wraz ze swoją sceptyczną metodą, zastanawiali się nad charakterem rzeczywistości i poznania, analizując potencjał ludzi do odróżniania wyobraźni od prawdy.

Sen wewnątrz zjawiska snu ilustruje splecioną naturę warstw poznawczych. Osoba nieświadoma bycia we śnie może również zacząć doświadczać dowolnego innego snu w jego obrębie. Sugeruje to, że świadome skupienie jest stale w ruchu, a co ważniejsze, że świadomy i nieświadomy umysł są ze sobą ściśle powiązane i działają jednocześnie.

Sen w zjawisku snu rzuca światło na związek między świadomością a myślami. Ludzkie skupienie często obejmuje dwie podstawowe warstwy: świadome rozpoznanie i nieświadome strategie. Jednakże warstwy te nie są całkowicie oddzielne, ale nieustannie oddziałują na siebie, o czym świadczy zjawisko snów. Doświadczenie snu w śnie zmusza nas do poważniejszego myślenia o przejściach między tymi warstwami i granicach, które je oddzielają.

Kiedy człowiek uświadomi sobie, że śni, zrozumie, że może być jednak w każdym innym stopniu uwagi snu. Ta świadomość pokazuje głębię warstw skupienia. Każdy nowy sen jest zasadniczo przejściem do głębszej warstwy świadomości. Rozkosz pokazuje, że zarówno świadome, jak i podświadome techniki nie są bezstronne wobec siebie, ale zamiast tego istnieją w królestwie nieustannej interakcji.

Obieg rozpoznania można zdefiniować jako ciągły, połączony dryf mentalnych taktyk. Ten ślizg postępuje poprzez liczne warstwy skupienia z charakterystyczną prędkością. Sen w doświadczeniu sennym ilustruje, jak działa warstwowa struktura rozpoznania. Każdy nowy sen reprezentuje głębszy etap świadomości, a te warstwy nieustannie wpływają na siebie, tworząc cykliczny ślizg.

Warstwowa natura rozpoznania nie jest ograniczona do celów; może być dodatkowo odkryta na pewnym etapie naszych doświadczeń na jawie. Osoba może dodatkowo mieć jednocześnie wiele umysłów i etapów poznania, nawet będąc obudzoną. Fragmentacja mentalna pokazuje wielowarstwową strukturę świadomości. Podczas wykonywania określonego zadania, świadomy umysł osoby jest skupiony, ale podświadome myśli i uczucia mogą dodatkowo jednocześnie wpływać na jej świadomość. Ten stan rzeczy odzwierciedla sen w doświadczeniu sennym, ponieważ inny etap świadomości lub myśli działa wzdłuż naszej głównej świadomej świadomości.

Sen w śnie zjawisko dodatkowo dobrze znane pokazuje, jak elastyczne i względne może być nasze przekonanie o czasie. Sny są często doświadczane w środowiskach, w których czas wydaje się przyspieszać lub stać w miejscu. Kiedy osoba „budzi się" w śnie, będzie odczuwać, jakby chociaż minął długi okres, ale w rzeczywistości upłynął tylko krótki okres czasu. W pragnieniach czas jest często postrzegany w inny sposób, a ta różnica w pojęciu czasu jest starannie powiązana z względną naturą samego czasu.

Ta rozbieżność w pojęciu czasu dodatkowo pokrywa się z koncepcją czasu w fizyce, w której czas może zachowywać się w nietypowy sposób, polegając na królestwie obserwatora. W celach, szczególnie w śnie w scenariuszu sennym, czas jest często zniekształcony. Sposób, w jaki skupienie oddziałuje z czasem, daje nam wgląd w to, jak elastyczne może być postrzeganie czasu, gdy w grę wchodzą warstwy skupienia.

Z punktu widzenia neurobiologii, sen wewnątrz przyjemności snu jest związany z falami umysłu i aktywnością neuroprzekaźników. Podczas snu, szczególnie w fazie REM, w której cele są najbardziej błyskotliwe, pewne obszary umysłu stają się energiczne, kształtując raporty intelektualne i budując warstwy świadomości. Warstwy te są inspirowane przez interakcję różnych obszarów umysłu, z których każdy przyczynia się do unikalnych etapów świadomości.

Segment snu REM, czyli wtedy, gdy sny są najbardziej ekstremalne, koreluje ze zwiększonym zainteresowaniem umysłu i zmniejszoną reakcją na bodźce zewnętrzne. Jednak wewnętrznie, konceptualne podejście umysłu i wyobraźnia są na najwyższym poziomie. Sen w trakcie snu może wystąpić, gdy umysł przeskakuje między unikalnymi poziomami snu, a świadomość przechodzi między unikalnymi poziomami skupienia.

Te zmiany, obok aktywności neuroprzekaźników i fal umysłowych, mają wpływ na to, jak warstwy skupienia oddziałują na siebie. Neurofizjologiczne mechanizmy umysłu dyktują, jak cele i stany świadomości się nakładają, prowadząc do rozkoszy, w której jeden sen pojawia się w każdym innym.

Koncepcja „snu we śnie" ułatwia nam rozpoznanie warstwowej struktury świadomości. Sny to środowiska, w których świadoma świadomość i nieświadome procesy oddziałują na siebie i w których czas i rzeczywistość mogą stać się płynne. Zjawisko to służy jako skuteczny przykład sposobów, w jakie poznanie działa na wielu poziomach. Interakcja między taktykami świadomymi i podświadomymi, oprócz względnej natury czasu, oferuje głębokie spostrzeżenia na temat charakteru ludzkiej świadomości i jej zdolności do rozumienia i poruszania się po wyjątkowych warstwach świadomości. Niezależnie od tego, czy z perspektywy filozoficznej, psychologicznej czy neurobiologicznej, sen w doświadczeniu sennym sugeruje, jak głęboko powiązane i skomplikowane są nasze świadome i podświadome umysły.

5.5 Przejścia świadomości międzywymiarowej i umysł zbiorowy

Eksploracja skupienia od dawna intryguje naukowców, filozofów i mistyków. W miarę pogłębiania się naszej wiedzy o mózgu i myślach staje się coraz bardziej oczywiste, że poznanie nie jest pojedynczym, odizolowanym zjawiskiem, ale czymś, co może wykraczać poza istnienie osoby. Jedną z najbardziej prowokujących do myślenia zasad w tym względzie jest możliwość międzywymiarowych przejść świadomości — idea, że świadomość może przemieszczać się przez określone płaszczyzny faktów, wchodząc w interakcje z różnymi odmianami istnienia w sposób, którego możemy nie rozumieć, ale który jest dla nas całkowicie zrozumiały. Ponadto wiara w zbiorowe myśli, wspólne rozpoznanie wszystkich istot czujących, zapewnia kolejną warstwę złożoności wiedzy o sposobie, w jaki świadomość działa w skali kosmicznej.

Pomysł, że świadomość może przechodzić przez wyjątkowe wymiary lub płaszczyzny stylów życia, jest pomysłem, który leży na przecięciu fikcji technologicznej, duchowości i zaawansowanej fizyki teoretycznej. W wielu starożytnych tradycjach i współczesnych teoriach metafizycznych powszechnie uważa się, że poznanie nie jest ograniczone do pojedynczej rzeczywistości, ale jest w stanie poruszać się przez różne warstwy istnienia. Warstwy te będą równoległymi wszechświatami, liniami czasu wymiany lub wyjątkowymi wymiarami, które współistnieją z naszymi, ale są niedostępne za pomocą zwykłego podejścia.

Z perspektywy fizyki kwantowej idea przejść międzywymiarowych wiąże się z teoriami o wszechświatach równoległych, splątaniu kwantowym i multiwersum. Zasada multiwersum pokazuje, że mogą istnieć nieskończone wersje faktu, z których każda jest nieco inna od pozostałych, a nawet drastycznie inna. W tych ramach poznanie mogłoby teoretycznie przemieszczać się między tymi rzeczywistościami, zarówno świadomie, jak i nieświadomie, i doświadczać jedynych w swoim rodzaju wersji „ja" lub „faktu". To zwiększa poważne pytania o podatność rozpoznawania osoby i możliwość, że ludzki umysł nie będzie tak powściągliwy, jak dawniej uważano.

Idea międzywymiarowych przejść rozpoznawczych jest również powiązana z zasadą świadomości pozasąsiedzkiej. Skupienie pozasąsiedzkie wskazuje, że myśli nie ograniczają się do umysłu fizycznego, ale mogą istnieć niezależnie od ciała, prawdopodobnie obecne na innych płaszczyznach istnienia. Ta koncepcja jest ściśle powiązana z ideą świadomości kwantowej, która zakłada, że poznanie może być istotną kwestią wszechświata, zdolną przekroczyć fizyczne ograniczenia obszaru i czasu.

Wiele osób, które przeszły przez badania bliskie śmierci (NDE) lub głębokie stany medytacyjne, zgłasza, że doświadczyły poczucia przekraczania ciała fizycznego i wkraczania w sfery wymiany życia. Badania te często zawierają emocje harmonii ze wszechświatem, spotkania z istotami lub inteligencjami z innych wymiarów i niesamowite doświadczenie współzależności ze wszystkimi stylami życia. Chociaż badania te są wysoce subiektywne i często odrzucane przez główny nurt wiedzy technologicznej, oferują interesujące spojrzenie na potencjał międzywymiarowych przejść poznawczych.

W praktykach medytacyjnych, szczególnie w tradycjach takich jak szamanizm i buddyzm, jednostki mogą wprowadzać odmienne stany skupienia, w których rozumieją różne wymiary lub geograficzne regiony istnienia. Uważa się na przykład, że szamani zapuszczają się w duchowe regiony geograficzne podczas ceremonii rytualnych, gdzie spotykają istoty z innego świata lub duchy przodków. Praktyki te, stosowane od tysiącleci, sugerują, że świadomość może przemierzać różne płaszczyzny istnienia, prezentując cenne spostrzeżenia na temat wielowymiarowej natury rozpoznania.

Badania bliskiej śmierci, z kolei, oferują bardziej intensywny przykład tego, jak świadomość mogłaby istnieć poza ciałem fizycznym. Wielu ocalałych z NDE opisuje żywe spotkania ze zmarłymi ukochanymi osobami, istotami duchowymi lub wypełnionymi światłem regionami geograficznymi, które sugerują istnienie sfery po śmierci fizycznej. Te historie, choć nie do końca zrozumiane, mogą dodatkowo sugerować, że świadomość ma zdolność poruszania się między różnymi wymiarami, wykraczając poza ograniczenia fizycznej przestrzeni.

Podczas gdy koncepcja indywidualnej uwagi przechodzącej między wymiarami jest interesująca, równie ważne jest pamiętanie o idei umysłu zbiorowego — koncepcji, że wszystkie ludzkie umysły, a może i wszystkie świadome umysły, są połączone w jakiejś gigantycznej, kosmicznej wspólnocie świadomości. Ta idea, często kojarzona z teorią nieświadomości zbiorowej Carla Junga, zakłada, że istnieje wspólny rezerwuar recenzji, wspomnień i archetypów, z którym są powiązani wszyscy ludzie. Ta nieświadomość zbiorowa przekracza granice indywidualne, wpływając na umysł, zachowania i uczucia całej ludzkości.

Jung uważał, że zbiorowa nieświadomość stała się nieograniczona do ludzi, ale że była transpersonalną strukturą, która mogła kształtować i wpływać na cały gatunek. Sugeruje to, że umysł ludzki, jako byt zbiorowy, ma zdolność cieszenia się i wpływania na działania na skalę międzynarodową lub kosmiczną. Jeśli rozpoznanie może przekroczyć umysły postaci i połączyć się z innymi na większą skalę, może to stanowić wyjaśnienie zjawisk obejmujących telepatię, zbiorowe dokonywanie wyborów i wspólną wiedzę kulturową, które wydają się pojawiać spontanicznie w społeczeństwach i cywilizacjach.

W szerszym kosmicznym sensie idea umysłu zbiorowego prawdopodobnie rozszerzyłaby się poza ludzkość, sugerując, że każda istota czująca w całym wszechświecie jest połączona poprzez pewien kształt powszechnego rozpoznania. Jeśli te zbiorowe myśli istnieją, mogą działać jako rodzaj popularnej reminiscencji, gdzie wszystkie raporty, wiedza i mądrość są zapisywane i udostępniane. Jest to zgodne z Kronikami Akaszy, koncepcją w tradycjach ezoterycznych, która sugeruje, że istnieje kosmiczne archiwum zawierające wszystkie informacje o przeszłych, obecnych i przyszłych działaniach. Zgodnie z tą teorią, zbiorowe myśli nie są po prostu abstrakcyjną koncepcją, ale namacalnym, dostępnym faktem, który rozciąga się na cały czas, przestrzeń i wymiary.

Wiara w zbiorowe myśli rozszerza naszą wiedzę o poznaniu od mężczyzny lub kobiety do normy. Jeśli skupienie może wykraczać poza granice czasu i przestrzeni, jest całkiem możliwe, że te zbiorowe myśli mogą również uzyskać dostęp do wiedzy ze specjalnych wymiarów lub równoległych rzeczywistości. Może to otworzyć możliwość, że my, jako jednostki, możemy chcieć potencjalnie wykorzystać wiedzę międzywymiarową, zdobywając wgląd w rzeczywistości wykraczające poza naszą własną.

Ta idea jest zgodna z panpsychizmem, filozoficznym poglądem, że świadomość jest fundamentalnym i wszechobecnym aspektem wszechświata. Jeśli świadomość jest nieodłączna we wszystkich rzeczach, to celowe jest, aby wszystkie istoty, a nawet przedmioty nieożywione, mogły być połączone za pośrednictwem tej dobrze znanej uwagi. W tych ramach informacje i informacje mogłyby być udostępniane w różnych wymiarach, co umożliwiłoby rozpoznaniu przezwyciężenie luk między rzeczywistościami handlowymi, umożliwiając w ten sposób ludziom dostęp do spostrzeżeń i zrozumienia z wyjątkowych płaszczyzn istnienia.

Fevzi H.

Koncepcja międzywymiarowych przejść skupienia i zbiorowych myśli zwiększa ogromne pytania o przeznaczenie ludzkiej ewolucji i duchowości. Jeśli rozpoznanie może poruszać się między wymiarami i korzystać z powszechnych myśli, może to mieć głębokie implikacje dla naszej wiedzy o istnieniu, stylu życia po śmierci i charakteru samego faktu. W miarę jak ludzkość postępuje w eksploracji uwagi poprzez praktyki takie jak medytacja, psychodeliki i fizyka kwantowa, jest bardzo prawdopodobne, że możemy również później odkryć więcej na temat wielowymiarowej natury naszych umysłów i naszego połączenia z kosmosem.

Eksploracja tych idei może również doprowadzić do nowych metod myślenia o duchowości, w których granice między ludźmi a wszechświatem ulegają rozpuszczeniu, a my zaczynamy postrzegać siebie jako część rozległego, połączonego internetu rozpoznania. Może to mieć głębokie implikacje dla tego, jak odnosimy się do siebie nawzajem, do Ziemi i do kosmosu w ogóle.

Możliwość międzywymiarowych przejść rozpoznawczych i idea zbiorowych myśli projektują naszą tradycyjną wiedzę o umyśle jako coś odległego w granicach umysłu postaci. W miarę pogłębiania się badań nad poznaniem i rozszerzania się naszego zrozumienia mechaniki kwantowej i wielowymiarowości, coraz bardziej prawdopodobne jest, że zaczniemy postrzegać poznanie w nowy, bardziej powiązany sposób. Niezależnie od tego, czy poprzez eksplorację zmienionych stanów rozpoznania, badanie umysłu kwantowego, czy odkrycie normalnego powiązania, przygoda w naturę uwagi jest najlepszym początkiem. W miarę jak zagłębiamy się w te tajemnice, możemy ostatecznie odkryć, że nasze umysły nie są ograniczone do międzynarodowego ciała, ale są zdolne do przekraczania wymiarów, łącząc się ze zbiorowym skupieniem wszechświata.

ROZDZIAŁ 6

Zdolność mózgu do symulacji i umysły równoległe

6.1 Czy świadomość jest holograficzna? Czy mózg rekonstruuje rzeczywistość?

Pomysł, że świadomość ma najprawdopodobniej charakter holograficzny, intryguje zarówno naukowców, jak i filozofów.

Zasada holograficzna wywodzi się ze świata fizyki teoretycznej, w szczególności z badań nad czarnymi dziurami i ideą danych . Oznacza ona, że cały wszechświat może być widoczny jako projekcja z -wymiarowej powierzchni. Zasadniczo wszystkie zapisy dotyczące trójwymiarowej przestrzeni, którą postrzegamy, są zakodowane na tej powierzchni, podobnie jak hologram. W tym kontekście nasze postrzeganie przestrzeni i czasu jest iluzją, a autentyczna natura wszechświata leży poza naszymi zdolnościami sensorycznymi.

Pomysł ten, początkowo realizowany w odniesieniu do czarnych dziur, został zaproponowany przez fizyków Gerarda 't Hoofta i Leonarda Susskinda w latach dziewięćdziesiątych, którzy doradzili, że statystyki zawarte wewnątrz czarnej dziury są prawdopodobnie zakodowane na jej granicy, a nie wewnątrz jej wnętrza. Koncepcja ta jest radykalnym odejściem od naszej konwencjonalnej wiedzy o przestrzeni i czasie. Jeśli sam wszechświat jest holograficzny, oznacza to, że nasze umysły mogą postrzegać projekcję, co prowadzi nas do pytania, czy to, co uznajemy za prawdę, jest symulacją stworzoną przez umysł.

Mózg, niczym wyrafinowany laptop , otrzymuje informacje ze zmysłów i przetwarza je, aby stworzyć spójną narrację areny. Ale co, jeśli umysł nie przetwarza po prostu tych faktów? Co, jeśli tworzy wewnętrzną symulację — hologram — zewnętrznego globalnego ?

Jedną z krytycznych myśli w głębi potencjalnej holograficznej natury umysłu jest to, że działa on dalej w kierunku obrazu holograficznego. Hologram to trójwymiarowa projekcja stworzona z dwuwymiarowej podłogi. W podobny sposób mózg może również pobierać bodźce ze zmysłów i rekonstruować je w trójwymiarową rzeczywistość. Ta koncepcja jest wzmacniana przez zdolność umysłu do generowania skomplikowanych doświadczeń wizualnych, nawet w przypadku braku zewnętrznych bodźców, co obejmuje cele lub halucynacje. W takich przypadkach umysł wydaje się tworzyć prawdę niezależnie od globalnego zmysłu .

Percepcja umysłu jako holograficznego procesora przyciąga paralele z recenzjami wirtualnej rzeczywistości (VR), które mogą być coraz bardziej popularne w dzisiejszych czasach. Zestawy słuchawkowe VR wykorzystują skomplikowane algorytmy i dane sensoryczne, aby stworzyć potężną symulację trójwymiarowego świata. Podobnie umysł prawdopodobnie wykorzystuje własne algorytmy do generowania modelu wszechświata, w oparciu o powściągliwe i regularnie niedoskonałe fakty, które otrzymuje od zmysłów.

Fevzi H.

Jeśli poznanie jest z pewnością holograficzne, to znaczy, że to, co postrzegamy jako „rzeczywiste", może być symulacją skonstruowaną za pomocą mózgu. Nasze postrzeganie świata opiera się teraz nie na samym zewnętrznym świecie , ale na interpretacji zapisów sensorycznych przez umysł. Kończy się to szansą, że prawda, którą się rozkoszujemy, jest fantazmatem.

Ta idea jest ściśle związana z koncepcją realizmu percepcyjnego, która twierdzi, że to, co rozumiemy, nie jest natychmiastowym odbiciem lustrzanym świata na zewnątrz, ale raczej konstrukcją ukształtowaną przez nasze umysły. Na przykład gadżet wizualny nie raportuje od razu środowiska zewnętrznego. Zamiast tego wykorzystuje dostępne zapisy, aby stworzyć mentalny obraz, który reprezentuje sektor. W tym odczuciu nasz fakt jest przybliżeniem, symulacją, która jest konstruowana w czasie rzeczywistym za pomocą mózgu, aby pomóc nam nawigować i żyć, aby opowiedzieć historię w globalnym .

Poszukiwacz prawdy Immanuel Kant słynnie argumentował, że w żadnym wypadku nie poznamy „elementu-samego-w-sobie" (rzeczywistej natury rzeczywistości), a jedynie nasze subiektywne postrzeganie jej. Jeśli mózg konstruuje fakt holograficzny, to pogląd Kanta na rzeczywistość jest bardziej poprawny niż kiedykolwiek. To, co widzimy, słyszymy i dotykamy, nie jest bezpośrednią interakcją ze światem, ale raczej badaniami ukształtowanymi przez nasze techniki poznawcze.

Aby podobnie rozpoznać holograficzną naturę poznania, warto nie zapominać o przecięciu mechaniki kwantowej i umysłu. Mechanika kwantowa, ze swoimi standardami superpozycji i splątania, wymaga sytuacji naszego klasycznego pojmowania prawdy. W świecie kwantowym szczątki mogą istnieć w kilku stanach jednocześnie i wpływać na siebie nawzajem jednocześnie, bez względu na odległość. Niektórzy badacze wysunęli hipotezę, że umysł może wykorzystywać zjawiska kwantowe w przetwarzaniu faktów.

Idea uwagi kwantowej wskazuje, że sama świadomość mogłaby wyłonić się z procesów kwantowych w mózgu. Jedną ze znanych teorii na ten temat jest wersja Orch-OR (Orchestrated Objective Reduction) zaproponowana przez fizyka Rogera Penrose'a i anestezjologa Stuarta Hameroffa. Według Orch-OR świadomość powstaje z obliczeń kwantowych zachodzących wewnątrz mikrotubul komórek mózgowych. Te stany kwantowe nie są absolutnie wynikiem wzorców wyładowań neuronowych, ale są niezbędne do samej metody świadomego doświadczenia.

Jeśli umysł działa na poziomie kwantowym, jest w stanie potencjalnie funkcjonować jako komputer kwantowy, przetwarzając jednocześnie duże ilości rekordów. Może to wyjaśniać zdolność mózgu do tworzenia złożonych, wielowymiarowych symulacji areny. Ponadto splątanie kwantowe — w którym szczątki są powiązane w przestrzeni i czasie — może sugerować, że świadome doświadczenie umysłu nie jest ograniczone do natychmiastowego otoczenia, ale może również stać się większe w różnych geograficznych regionach prawdy, wzmacniając ideę holograficznej, połączonej świadomości.

Holograficzna zasada uwagi dodatkowo zwiększa fascynujące pytania o naturę jaźni. Jeśli nasza rzeczywistość jest symulacją stworzoną przy pomocy umysłu, co to oznacza dla naszego poczucia jaźni? W modelu holograficznym jaźń nie będzie stałym bytem, ale dynamiczną metodą — ciągle ewoluującą projekcją, która powstaje ze złożonych interakcji mózgu z samym sobą i zewnętrznym globalnym .

To płynne poczucie siebie może mieć głębokie implikacje dla naszej informacji o tożsamości i osobistej ciągłości. Jeśli nasze umysły są zdolne do tworzenia wielu równoległych rzeczywistości, czy to oznacza, że istniejemy jednocześnie w wielu unikalnych formach w różnych wariantach wszechświata? Innymi słowy, jeśli mózg może symulować kilka rzeczywistości, może być również w stanie symulować kilka wersji siebie.

Ta percepcja wiąże się z koncepcją równoległych wszechświatów i możliwością wymiany jaźni obecnych w innych wymiarach. W rzeczywistości holograficznej mózg powinien potencjalnie poruszać się po tych równoległych światach, doświadczając wyłącznych odmian samego siebie w czasie i przestrzeni. To zwiększa pytania filozoficzne dotyczące natury uwagi i tożsamości: jeśli umysł może generować alternatywne rzeczywistości, czy jesteśmy po prostu jedną wersją bardziej wielowymiarowego ja?

Koncepcja, że rozpoznanie jest holograficzne, kwestionuje nasze tradycyjne rozumienie rzeczywistości i siebie. Jeśli umysł z pewnością rekonstruuje fakty, to w ten sposób to, co lubimy, ponieważ „zewnętrzny świat " może nie być bezpośrednim odbiciem lustrzanym zewnętrznych bodźców, ale symulacją stworzoną przy użyciu umysłu. To zwiększa głębokie pytania o naturę stylów życia, tożsamość i granice ludzkich przekonań. W miarę pogłębiania się naszej wiedzy na temat mechaniki kwantowej i świadomości, możliwość, że nasze umysły konstruują holograficzne rzeczywistości — najprawdopodobniej w wielu wymiarach — stanie się coraz bardziej wyobrażalnym powodem tajemnic myśli i wszechświata.

6.2 Iluzje percepcyjne i wielowarstwowość rzeczywistości

Nasze postrzeganie prawdy nie zawsze jest natychmiastowym odbiciem lustrzanym świata zewnętrznego, ale raczej złożonym zespołem zbudowanym za pomocą naszych mózgów. Zespół ten jest kształtowany za pomocą bodźców sensorycznych, strategii poznawczych i poprzednich historii.

Iluzje percepcyjne to zjawiska, w których nasze pojęcie sensoryczne nie pasuje do rzeczywistej prawdy fizycznej. Iluzje te powstają, ponieważ umysł interpretuje zapisy sensoryczne w sposób, który można zachęcić, wykorzystując kontekst, oczekiwania lub poprzednie doświadczenia. Umysł nie gromadzi biernie międzynarodowych danych zewnętrznych, ale aktywnie wykorzystuje statystyki, aby stworzyć spójną narrację rzeczywistości. Metoda ta polega na tym, że to, co rozumiemy, nie zawsze może być uczciwym odzwierciedleniem otoczenia.

Jednym z najbardziej znanych przykładów iluzji percepcyjnych są iluzje wzrokowe, w których widzimy rzeczy, których nie ma, lub rzeczy, które są zniekształcone w metodach, które przeczą prawdzie. Klasycznymi przykładami są iluzja Müllera-Lyera, w której dwa odcinki o równej długości wyglądają jak wyłączne długości ze względu na orientację strzałek na ich końcach, oraz pokój Amesa, w którym istoty ludzkie lub przedmioty wydają się wyjątkowo niezwykłe pod względem wielkości w zależności od ich położenia w specjalnie zaprojektowanym pokoju.

Te iluzje monitorują, że percepcja nie jest systemem celów. Zamiast tego jest w dużej mierze podyktowana tym, jak nasz mózg tłumaczy przychodzące informacje sensoryczne. W niektórych przypadkach interpretacja umysłu jest tak przekonująca, że nie jesteśmy świadomi, że doświadczamy iluzji. Zjawisko uprzedzeń poznawczych również odgrywa tutaj swoją rolę, ponieważ nasze mózgi są predysponowane do interpretowania zapisów w sposób zgodny z naszymi oczekiwaniami lub wcześniejszymi informacjami, nawet jeśli kończy się to zniekształconymi percepcjami.

Iluzje percepcyjne podkreślają funkcję mózgu w budowaniu rzeczywistości. Zamiast być biernym odbiorcą bodźców zewnętrznych, mózg jest energicznym graczem w tworzeniu doświadczenia. Ten sposób obejmuje integrowanie faktów sensorycznych, wypełnianie luk i przewidywanie przyszłych zdarzeń na podstawie przeszłych doświadczeń. Przewidywania mózgu są często tak poprawne, że rozumiemy je jako „prawdy", pomimo faktu, że będą od nich w pewnej odległości.

Ta żywa konstrukcja faktu jest widoczna nie tylko w złudzeniach wzrokowych, ale także w różnych historiach sensorycznych, wraz ze słuchem, kontaktem i smakiem. Mózg stale filtruje i przetwarza fakty, aby poczuć arenę, jednak czasami te procedury powodują badania, które nie są zgodne z fizycznym globalnym .

Kluczowym przykładem tej ożywionej produkcji jest zjawisko edycji sensorycznej, w którym nasza wiara w pozytywne bodźce maleje z czasem. Na przykład, gdy po raz pierwszy wchodzimy do pokoju o silnym zapachu, zapach może być przytłaczający. Jednak po kilku minutach nasz mózg reguluje się i nie obserwujemy świadomie zapachu, mimo że nadal jest on obecny w otoczeniu. Sugeruje to, w jaki sposób mózg może „filtrować" pewne rzeczywistości w celu skupienia uwagi na różnych elementach świata, co może skutkować postrzeganiem, które nie jest całkowicie dokładne.

Koncepcja kilku warstw rzeczywistości sugeruje, że nasze doświadczenie świata nie zawsze jest ograniczone do pojedynczej, zunifikowanej prawdy, ale jako substytut obejmuje wiele warstw lub wymiarów, które współistnieją jednocześnie. Warstwy te mogą również odpowiadać odrębnym częstotliwościom pojęcia lub mogą reprezentować wersje rzeczywistości, które nie są od razu osiągalne dla naszej świadomej świadomości.

Jednym ze sposobów konceptualizacji tych warstw jest idea wielowymiarowości. Podobnie jak obiekt w przestrzeni trójwymiarowej można zdefiniować, używając jego okresu, szerokości i wierzchołka, sam fakt może mieć wiele wymiarów lub warstw, których nie jesteśmy świadomi. Nasze mózgi najlepiej radzą sobie z niewielką częścią statystyk dostępnych w otoczeniu, a ta ograniczona percepcja może być lustrzanym odbiciem głębszej, bardziej złożonej rzeczywistości, która istnieje poza naszą natychmiastową świadomością.

Jednym z przykładów jest zjawisko nielokalności w mechanice kwantowej, w którym szczątki są splątane i mogą natychmiastowo wpływać na siebie nawzajem, niezależnie od przerwy między nimi. Oznacza to, że wszechświat nie składa się w rzeczywistości z odległych gadżetów, ale jest raczej połączony w sposób, którego obecnie nie do końca rozumiemy. Nasze pojęcie sensoryczne, które jest ograniczone przez ograniczenia naszych mózgów, może uzyskać dostęp jedynie do niewielkiej części tego połączonego faktu.

Ponadto koncepcja wielu warstw prawdy jest również obecna w różnych tradycjach nie-świeckich i filozoficznych. Wiele kultur historycznych wierzyło w style życia różnych płaszczyzn życia, w których żyją określone poziomy rozpoznania lub istoty. Te myśli są równoległe do współczesnych teorii wymiarów wymiany i równoległych wszechświatów, sugerując, że nasza wiara w rzeczywistość może być najskuteczniejsza jako jedna warstwa o wiele większej, bardziej skomplikowanej struktury.

Podczas gdy iluzje percepcyjne często wprowadzają nas w błąd, dają nam również wgląd w ukryte warstwy faktów. W kilku przypadkach iluzje mogą dodatkowo pokazać, że granice między różnymi poziomami wiary nie są tak nieelastyczne, jak byśmy zakładali. Na przykład pewne iluzje optyczne — wraz z tymi, które tworzą wpływ ruchu lub zmiany w nieruchomych pikselach — mogą również pokazywać, że nasza percepcja jest

Fevzi H.

bardziej płynna i dynamiczna, niż rozumiemy. Iluzje te mogą również sugerować, że mózg nie zawsze uczciwie interpretuje statyczne, zewnętrzne informacje, ale aktywnie rozwija wersję prawdy, która jest kwestią zmiany.

Koncepcję tę wspiera hipoteza multiwersum, która pokazuje, że wiele rzeczywistości lub wszechświatów istnieje jednocześnie, jednak najprościej jesteśmy w stanie uzyskać dostęp do małego podzbioru z nich. Zgodnie z tą ideą, nasze postrzeganie prawdy może być ograniczone do 1 wszechświata lub pomiaru, ale różne wersje nas samych będą zamieszkiwać równoległe wszechświaty ze szczególnymi prawami fizycznymi lub historiami. Iluzje percepcyjne, w tym kontekście, są prawdopodobnie przebłyskami tych wymienialnych rzeczywistości — momentami, w których granice między wymiarami się zacierają, pozwalając nam uzyskać dostęp do czynników prawdy, które są zazwyczaj ukryte.

Jednym z najbardziej intrygujących aspektów iluzji percepcyjnych jest to, że często pojawiają się one, gdy w statystykach sensorycznych występuje niejednoznaczność lub niepewność. Na przykład, fantazmat wazonu Rubina daje fotografię, którą można interpretować na dwa sposoby: jako wazon lub jako dwie twarze z profilu . Ta niejednoznaczność w wierze może być oznaką, że mózg jest w stanie postrzegać wiele rzeczywistości jednocześnie, w zależności od sposobu, w jaki przetwarza i tłumaczy fakty. W podobny sposób synestezję

— zjawisko, w którym stymulacja jednego odczucia powoduje mimowolne uczucie u innego — można postrzegać jako przykład mózgu mającego dostęp do wielu warstw sensorycznych rzeczywistości jednocześnie.

Zdolność naszej świadomości do poruszania się między wyjątkowymi warstwami faktów jest krytycznym pytaniem w ramach obserwacji wiary i myśli. Jeśli zaakceptujemy koncepcję, że rzeczywistość składa się z wielu warstw lub wymiarów, w jaki sposób nasza wiedza oddziałuje z tymi warstwami? Czy nasza wiedza jest ograniczona do pojedynczej warstwy rzeczywistości, czy też jest w stanie mieć dostęp do kilku warstw jednocześnie?

Jedną z możliwości jest to, że nasza świadomość jest w stanie przenosić się między specjalnymi warstwami prawdy, polegając na przypadkach. Powinno to dać wyjaśnienie dla historii składających się ze świadomego śnienia, w którym śniący staje się świadomy kraju snu i może nim zarządzać. W celach świadomego śnienia granica między międzynarodowym snem a rzeczywistością na jawie staje się niewyraźna, co sugeruje, że skupienie może nawigować między ekskluzywnymi warstwami rzeczywistości. Podobnie badania, które obejmują przeglądy poza ciałem lub projekcję astralną, mogą dodatkowo odzwierciedlać zdolność świadomości do uzyskania dostępu do alternatywnych rzeczywistości lub wymiarów.

W medytacji i niektórych praktykach duchowych osoby regularnie zgłaszają doświadczanie zmienionych stanów świadomości, w których doświadczają wzmożonego doświadczenia świadomości lub połączenia ze wszechświatem. Te doświadczenia mogą być przebłyskami wyższych warstw prawdy, w których świadomość nie jest ograniczona przez cielesne ograniczenia mózgu. W tych stanach ludzie mogą również postrzegać wzajemne powiązania wszystkich spraw lub uzyskiwać dostęp do zapisów, których nie można uzyskać w codziennym, świadomym stanie świadomości.

Iluzje percepcyjne i idea kilku warstw faktów projektują naszą wiedzę na temat charakteru świadomości i stylów życia. Jeśli nasze mózgi są zdolne do tworzenia iluzji, a sama rzeczywistość składa się z więcej niż jednego wymiaru lub warstwy, oznacza to, że nasza wiara w arenę jest tylko małym wycinkiem mil większego i bardziej skomplikowanego faktu. Analizując iluzje percepcyjne, zyskamy wgląd w płynną i dynamiczną naturę wiary, a być może zaczniemy odkrywać tajemnice ukrytych warstw stylów życia, które leżą poza naszym natychmiastowym skupieniem. Te iluzje mogą być czymś więcej niż tylko wskazówkami umysłu — będą oknami do głębszego, wielowymiarowego faktu, który czeka na zbadanie.

6.3 Zdolność mózgu do przetwarzania równoległego: czy mamy alternatywne „ja"?

Ludzki mózg jest jednym z najbardziej skomplikowanych organów wewnątrz ramy, zdolnym do przetwarzania ogromnej ilości faktów jednocześnie. Ten potencjał, znany jako przetwarzanie równoległe, jest niezbędny dla naszej percepcji, poznania i taktyki podejmowania decyzji. Jednak koncepcja przetwarzania równoległego wykracza poza zwykłe cechy poznawcze — co jeśli nasze mózgi nie mogłyby po prostu przetwarzać rekordów jednocześnie, ale dodatkowo cieszyć się wymiennymi rzeczywistościami lub jaźniami w unikalnych wymiarach lub stanach życia? Czy mogą istnieć równoległe wersje nas samych, obecne w alternatywnych rzeczywistościach lub liniach czasu, o których nie wiemy?

Przetwarzanie równoległe odnosi się do zdolności umysłu do obsługi więcej niż jednego strumienia rekordów bez opóźnień. Na przykład, gdy jesteśmy na nogach, nasz mózg jednocześnie zbliża się do statystyk wizualnych, słuchowych i dotykowych, co pozwala nam sprawnie poruszać się po naszym otoczeniu. Ta zdolność pozwala nam wykonywać wiele zadań na raz, przetwarzać ogromne ilości danych sensorycznych i szybko podejmować decyzje, wszystko to bez świadomego skupiania się na każdym indywidualnym przedsięwzięciu. Zdolność mózgu do przeprowadzania przetwarzania równoległego jest końcowym rezultatem jego szczególnie połączonych sieci neuronowych, które pozwalają wyłącznym elementom mózgu pracować w tandemie.

Równoległe przetwarzanie nie zawsze ogranicza się do podstawowych obowiązków sensorycznych. Jest ono również niezbędne do lepszych funkcji poznawczych, w tym rozwiązywania problemów, regulacji emocjonalnej i pamięci. Kora przedczołowa, która jest zaniepokojona zdolnościami rządowymi, jest uważana za swoją zdolność do jednoczesnego manipulowania i koordynowania skomplikowanych obowiązków umysłowych. Ponadto zdolność mózgu do integrowania faktów ze specjalnych modalności sensorycznych pozwala nam tworzyć spójne pojęcie świata, nawet jeśli dane te są fragmentaryczne lub niejednoznaczne.

Ten nadmierny stopień przetwarzania energii elektrycznej skłonił niektórych naukowców do inwestowania w potencjał umysłu, aby cieszyć się więcej niż jedną rzeczywistością bez opóźnień. Jeśli mózg może przetwarzać tak wiele rekordów równolegle, czy jest możliwe, aby system równoległych wersji rzeczywistości, a nawet unikalnych odmian nas samych, był możliwy do zrealizowania jednocześnie? Ta koncepcja wykracza poza zwykłe wielozadaniowość i wkracza w obszar zainteresowania — czy powinny istnieć inne wersje naszej świadomości, które istnieją równolegle do tej, którą lubimy?

Koncepcja równoległych rzeczywistości od dawna jest eksplorowana w państwach narodowych fikcji technologicznej i metafizyki. Jednak ostatnie udoskonalenia w fizyce kwantowej i teoriach multiwersum dodały te koncepcje do świata badań naukowych. Zgodnie z wieloświatową interpretacją mechaniki kwantowej, każde zdarzenie kwantowe, które ma więcej niż jedną realną konsekwencję, skutkuje wewnątrz stworzeniem nowego, równoległego wszechświata. Każdy z tych wszechświatów jest równie rzeczywisty i współistnieją w rozległym multiwersum. W tych ramach każdy dokonany przez nas wybór, każdy ruch, który wykonujemy, powinien dać początek zmienionej wersji nas samych w równoległym wszechświecie.

Jeśli interpretacja wieloświatów jest dokładna, to może istnieć nieskończona różnorodność równoległych wariantów nas samych, z których każdy może żyć w unikalnych możliwościach opartych całkowicie na wyborach, których dokonujemy. Te zbiorowe ja mogą istnieć w równoległych wymiarach, doświadczając rzeczywistości, które różnią się od naszych w rozproszony lub głęboki sposób. Na przykład w jednym fakcie mogłeś wybrać wyjątkową ścieżkę zawodową, podczas gdy w innym mogłeś obrać bardzo wyjątkową trajektorię życia.

Ta koncepcja jest zgodna z koncepcją, że rozpoznanie nie będzie pojedynczym, stałym bytem. Zamiast tego może być dynamiczną i płynną procedurą, która zmienia się i dostosowuje do odrębnych kontekstów. Jeśli uwaga nie jest ograniczona do pojedynczej osi czasu lub rzeczywistości, może być zdolna do aktualności w wielu wymiarach jednocześnie. Pomysł ten jest wspierany przez teorie w ogniskowaniu kwantowym, które potwierdzają, że świadomość jest fundamentalną kwestią wszechświata, podobnie jak liczba i elektryczność, i że może wzrosnąć poza ograniczeniami naszych fizycznych ciał i mózgów.

Podczas gdy interpretacja wielu światów przedstawia teoretyczne ramy dla istnienia równoległych rzeczywistości, technologia poznawcza daje wgląd w to, w jaki sposób mózg mógłby uzyskać dostęp do lub postrzegać alternatywne wersje samego siebie. Jedną z możliwości jest to, że zdolność mózgu do przetwarzania zapisów równolegle powinna rozszerzyć się na przetwarzanie wersji handlowych samego siebie. Jeśli mózg jest zdolny do szybkiego przełączania się między różnymi stanami świadomości, może być zdolny do uzyskania dostępu do wyjątkowych stron identyfikacji lub odrębnych wersji samego siebie w równoległych rzeczywistościach.

Badania nad chorobą dysocjacyjną identyfikacji (DID), okolicznością, w której osoba zgłasza więcej niż jedną wspaniałą tożsamość lub stan osobowości, dostarczają kilku wskazówek dotyczących zdolności mózgu do dzielenia świadomości. Osoby z DID rejestrują doświadczanie określonych tożsamości, z których każda ma własne wspomnienia, zachowania i percepcje. Tożsamości te mogą również pojawiać się w reakcji na wyjątkowe okoliczności lub wymagające okazje. Podczas gdy DID jest często uważane za zaburzenie psychiczne, niektórzy badacze spekulowali, że może być ono związane ze zdolnością umysłu do uzyskiwania dostępu do równoległych odmian jaźni, potencjalnie jako mechanizm ochronny lub metoda radzenia sobie.

W podobnym duchu doniesienia o deja vu, w których jednostki doświadczają, jakby przeżyły sekundę wcześniej, można rozumieć jako przebłyski równoległych rzeczywistości lub osi czasu wymiany. To zjawisko, które zostało szeroko zbadane przez psychologów, pozostaje dreszczykiem emocji, ale jedna zasada sugeruje, że może ono wynikać z chwilowego uzyskania przez umysł dostępu do równoległego modelu jaźni, który już doświadczył wydarzenia. Jeśli zdolności przetwarzania równoległego mózgu są w stanie uzyskać dostęp do rzeczywistości wymiany, wówczas doniesienia takie jak deja vu mogą być wynikiem nakładania się wymiarów, w którym granice między unikalnymi wariantami rzeczywistości chwilowo się zacierają.

Innym intrygującym zagadnieniem przetwarzania równoległego w mózgu jest zjawisko wielozadaniowości. Podczas gdy ludzie z pewnością nie są w stanie natychmiast dostrzec kilku obowiązków w ścisłym doświadczeniu, umysł jest w stanie szybko przełączać się między obowiązkami, tworząc iluzję przetwarzania równoległego. To szybkie przełączanie może być związane z koncepcją, że nasza świadoma przyjemność nie jest stała ani liniowa, ale płynna i zdolna do poruszania się w kilku rzeczywistościach jednocześnie. Czy może być tak, że gdy „wykonujemy wiele zadań jednocześnie", nasza świadomość przeskakuje między równoległymi wersjami nas samych, z których każda porusza się w ekskluzywnym elemencie naszego życia lub innej prawdzie?

Datowanie mechaniki kwantowej i świadomości było przedmiotem wielu spekulacji w ostatnich latach. Niektóre teorie zalecają, aby techniki kwantowe odgrywały rolę w zdolności mózgu do uzyskiwania dostępu do alternatywnych rzeczywistości lub cieszenia się nimi. Na przykład koncepcja Orch-OR (Orchestrated Objective Reduction), opracowana przez fizyka Rogera Penrose'a i anestezjologa Stuarta Hameroffa, pokazuje, że strategie kwantowe w mikrotubulach wewnątrz komórek mózgowych są odpowiedzialne za pojawianie się uwagi. Zgodnie z tą koncepcją, potencjał mózgu do systematyzacji faktów kwantowych może wymagać umożliwienia mu dostępu do odrębnych wymiarów lub rzeczywistości.

Jeśli mechanika kwantowa jest zaangażowana w świadomość, to umiejętności przetwarzania równoległego mózgu są prawdopodobnie o wiele lepsze niż wcześniej sądzono. Taktyki kwantowe pozwalają cząsteczkom istnieć w więcej niż jednym stanie jednocześnie, koncepcja ta nazywana jest superpozycją. Jeśli umysł jest w stanie przetwarzać dane kwantowe , może być w stanie wykorzystać więcej niż jeden stan skupienia, każdy podobny do wyłącznego modelu faktu. Powinno to dać wyjaśnienie zjawisk wraz z instynktem, prekognicją i innymi doświadczeniami, które sugerują, że umysł przetwarza dane z więcej niż jednej osi czasu lub rzeczywistości.

Ponadto zjawisko splątania kwantowego, w którym cząsteczki okazują się być połączone i mogą na siebie oddziaływać natychmiastowo, bez względu na odległość, może wymagać zalecenia, aby nasza uwaga była połączona z większym, bardziej powiązanym faktem. Jeśli zdolności przetwarzania umysłu są splątane z różnymi wersjami faktu, prawdopodobnie możliwe jest, abyśmy rozkoszowali się wymiennymi wersjami nas samych poprzez splątanie kwantowe, ponieważ nasza świadomość może być powiązana z rzeczywistością naszych równoległych jaźni.

Idea równoległych jaźni wywołuje głębokie pytania o identyfikację, wolną wolę i charakter skupienia. Jeśli w równoległych rzeczywistościach istnieje więcej niż jedna wersja nas samych, jak zdefiniujemy właściwe ja? Czy jesteśmy szczerze jedną wersją niezliczonej ilości możliwości, czy też istnieje głębsza, zjednoczona uwaga, która łączy wszystkie te jaźnie? Jeśli istnieją liczne wersje nas samych, co to oznacza dla naszego poczucia autonomii i wolnej woli? Czy nasze alternatywy są w rzeczywistości naszymi osobistymi, czy też są one określane przez sieć równoległych jaźni podejmujących decyzje w wielu rzeczywistościach?

Co więcej, idea równoległych jaźni może mieć głębokie implikacje dla sposobu, w jaki postrzegamy style życia, śmierć i życie pozagrobowe. Jeśli nasza świadomość nie jest ograniczona do pojedynczej osi czasu, to śmierć w jednej rzeczywistości może nie charakteryzować rezygnacji z życia. Zamiast tego nasza świadomość powinna przesunąć się na inny model nas samych, zamieszkując w ekskluzywnym zestawie możliwości w równoległym wszechświecie. Zwiększa to szansę na nieśmiertelność, teraz nie w konwencjonalnym odczuciu, ale poprzez ciągłe istnienie zmiennych wariantów nas samych w wielu rzeczywistościach.

Równoległe zdolności przetwarzania umysłu dają czarującą soczewkę, przez którą można odkryć koncepcję wymiennych jaźni i równoległych rzeczywistości. Chociaż te idee są mimo wszystko spekulatywne, wymagają one naszej wiedzy o rozpoznawaniu i opowiadają się za tym, że nasze doświadczenie rzeczywistości może być o wiele bardziej złożone i wieloaspektowe, niż nam się wydaje. W miarę jak kontynuujemy odkrywanie tajemnic mózgu, mechaniki kwantowej i natury stylów życia, możemy dodatkowo znaleźć nowe spostrzeżenia na temat możliwości równoległych jaźni i wzajemnych powiązań wszystkich rzeczywistości. Eksploracja tych idei powinna ostatecznie przekształcić naszą wiedzę o tym, kim jesteśmy i jak rozkoszujemy się wszechświatem.

6.4 Neurobiologia i scenariusze świadomości równoległej

Koncepcja równoległego skupienia intryguje naukowców, filozofów i myślicieli od setek lat, ale pozostaje w dużej mierze spekulatywnym i niedostatecznie zbadanym obszarem neuronauki. Pomysł, że ludzki mózg jest prawdopodobnie zdolny do doświadczania, uzyskiwania dostępu, a nawet współobecności z kilkoma strumieniami świadomości wymagającymi sytuacji, nasze konwencjonalne rozumienie świadomości jako nowego, jednolitego doświadczenia. W jaki sposób umysł może przetwarzać i rozróżniać oddzielne wersje siebie lub odrębne rzeczywistości, zwłaszcza gdy nasze obecne ramy medyczne proponują pojedyncze, spójne rozkoszowanie się skupieniem?

Zrozumienie możliwości równoległego skupienia zaczyna się od eksploracji neuronowej architektury umysłu. Ludzki mózg składa się z około 86 miliardów neuronów, z których każdy jest zdolny do tworzenia skomplikowanych połączeń z mnóstwem różnych neuronów. Ta znaczna sieć komunikacji i sygnalizacji stanowi podstawę wszystkich funkcji poznawczych, w tym wiary, wspomnień i podejmowania decyzji. Niesamowita elastyczność i zdolność adaptacji mózgu pozwalają na mieszanie szerokiego zakresu statystyk sensorycznych i poznawczych, rozwijając spójne poczucie siebie.

Świadomość, historycznie opisywana jako uwaga na czyjeś myśli, emocje i otoczenie, ma powstać z trudnych interakcji między tymi neuronami. Zdolność umysłu do przetwarzania zapisów z różnych obszarów jednocześnie jest krytyczna dla płynnej integracji wejścia sensorycznego i konstrukcji naszego subiektywnego doświadczenia. Co jednak, jeśli ta zdolność do przetwarzania równoległego mogłaby się wzmocnić, tworząc kilka strumieni świadomości?

Koncepcja równoległego skupienia pokazuje, że umysł może nie być ograniczony do pojedynczego, liniowego cieszenia się prawdą. Zamiast tego, może niewątpliwie rozkoszować się niezwykłymi wersjami samego siebie jednocześnie — każdy model jest niesamowitym ruchem świadomości, z własnymi wspomnieniami, percepcjami i wyborami. Wtedy pojawia się pytanie: czy umysł, ze swoimi umiejętnościami przetwarzania równoległego, może tworzyć i podtrzymywać te liczne strumienie świadomości, z których każdy odpowiada innej rzeczywistości lub jaźni?

Ostatnie postępy w neuronauce wykazały, że świadomość nie jest zlokalizowana w 1 unikalnym miejscu mózgu, ale jako substytut wyłania się z dynamicznej interakcji różnych sieci neuronowych. Te sieci — które obejmują sieć trybu domyślnego (DMN), sieć saliencji i sieć zarządzania rządem — działają w występach na żywo, aby przetwarzać dane i integrować je z naszą świadomą przyjemnością. Na przykład sieć DMN jest zaangażowana w myślenie autoreferencyjne i kształtowanie naszego doświadczenia tożsamości, podczas gdy sieć saliencji pozwala nam lokalizować i ustalać priorytety kluczowych bodźców w naszym otoczeniu.

Życie więcej niż jednej, oddziałującej na siebie sieci w mózgu sugeruje, że sama świadomość może być bardziej płynna i adaptacyjna niż wcześniej sądzono. Czy możliwe jest, że te sieci, podczas gdy są aktywowane w niezwykłych konfiguracjach, mogą dać impuls w górę różnym formom lub strumieniom rozpoznania? Na przykład aktywacja 1 społeczności może chcieć skutkować doświadczeniem znanej rzeczywistości, podczas gdy aktywacja innej może chcieć stworzyć całkowicie wyjątkowe, jakkolwiek podobnie ważne, doświadczenie siebie i otoczenia.

Neuronaukowe badania nad zmienionymi stanami świadomości, składającymi się z tych wywołanych przez medytację, środki psychodeliczne lub dysocjację, dają podobne wglądy w potencjał umysłu do uzyskiwania dostępu do niezwykłych stanów uwagi. W tych stanach ludzie często rejestrują doświadczanie rzeczywistości wymiany, zmian tożsamości lub rozpuszczenia granic między sobą a innymi. Zjawiska te mogą wskazywać na zdolność umysłu do uzyskiwania dostępu do równoległych stanów świadomości, przy czym różne obszary umysłu funkcjonują w podejściach, które pozwalają na rozkoszowanie się rzeczywistościami zmiany lub jaźniami.

Teorie integrujące neuronaukę z mechaniką kwantową zyskały popularność w ostatnich latach, a kilku badaczy sugeruje, że techniki kwantowe mogą również odgrywać kluczową rolę w pojawianiu się uwagi. Mechanika kwantowa, z jej kontrintuicyjnymi zasadami superpozycji, splątania i dualizmu korpuskularno-falowego, może chcieć zapewnić ramy dla wiedzy, w jaki sposób mózg może uzyskać dostęp do równoległych strumieni uwagi.

Jedną z najszerzej omawianych teorii w tym zakresie jest koncepcja Orchestrated Objective Reduction (Orch-OR), zaproponowana przez fizyka Rogera Penrose'a i anestezjologa Stuarta Hameroffa. Zgodnie z tą ideą świadomość powstaje z procedur kwantowych, które zachodzą w mikrotubulach neuronów, systemach zaangażowanych w mobilną wymianę werbalną. Te strategie kwantowe umożliwiają niesąsiedzki kształt przetwarzania rekordów, w którym mózg może jednocześnie przetwarzać kilka stanów rozpoznania lub prawdy.

W kontekście świadomości równoległej koncepcja, że taktyki kwantowe w umyśle mogą umożliwiać superpozycję — równoczesne style życia wielu żywotnych stanów — staje się szczególnie ekscytująca. Jeśli uwaga nie jest zawsze ustalonym, liniowym zjawiskiem, ale raczej techniką kwantową, która może istnieć w więcej niż jednym stanie od razu, umysł może doświadczać kilku odmian prawdy lub jaźni jednocześnie. Może to oznaczać, że myśli nie są ograniczone do pojedynczej świadomości, ale potencjalnie mogą poruszać się lub doświadczać wielu świadomości równolegle, każda z własnym odrębnym faktem.

Badanie problemów dysocjacyjnych, w tym choroby dysocjacyjnej tożsamości (DID), dostarcza przekonujących dowodów na to, że mózg jest zdolny do tworzenia stanów świadomości handlowej. W DID osoby mają wiele, niesamowitych tożsamości, każda z własnymi wspomnieniami, zachowaniami i spostrzeżeniami. Tożsamości te mogą stać się oddzielnymi strumieniami uwagi, regularnie w odpowiedzi na wymagające badania. Istnienie tych alternatywnych osobowości wymaga sytuacji, w których nasza wiedza o uwadze jest nowa, zjednoczona i sugeruje, że umysł ma zdolność do utrzymywania więcej niż jednego, współistniejącego stanu uwagi.

Podobnie, odmienne stany skupienia, wywołane praktykami składającymi się z medytacji, deprywacji sensorycznej lub substancji psychodelicznych, często skutkują badaniami alternatywnych rzeczywistości lub zmianami w identyfikacji. Stany te mogą modyfikować przekonania i samoświadomość, pozwalając jednostkom eksplorować unikalne aspekty swojej świadomości. Na przykład, niektórzy ludzie odnotowują doświadczanie poczucia łączenia się ze wszechświatem lub postrzeganie kilku linii czasu lub wariantów samych siebie. Te doświadczenia, chociaż regularnie tymczasowe, dają wgląd w możliwość, że umysł jest prawdopodobnie zdolny do uzyskiwania dostępu do równoległych scenariuszy poznawczych.

Idea równoległej uwagi podnosi głębokie pytania o naturę tożsamości i jaźni. Jeśli umysł może stworzyć parę współobecnych świadomości, co to oznacza dla naszej wiedzy na temat prywatnej tożsamości? Czy jesteśmy pojedynczym, zjednoczonym ja, czy też grupą równoległych jaźni, z których każda doświadcza jedynej w swoim rodzaju wersji faktu?

Co więcej, jeśli świadomość nie jest stała i może zmieniać się między wieloma stanami lub rzeczywistościami, jakie to ma implikacje dla wolnej woli i dokonywania wyborów? Czy mamy kontrolę nad tym, którą wersją siebie się cieszymy, czy też nasze wybory są podejmowane za pomocą struktury neuronowej umysłu i jego zdolności do przetwarzania równoległego?

Możliwość równoległych sytuacji skupienia dodatkowo zwiększa etyczne i filozoficzne pytania o charakter osobowości. Jeśli kilka wersji kogoś istnieje równolegle, każda doświadczając cudownego faktu, czy wszystkie one są uważane za tego samego mężczyznę lub tę samą kobietę? Czy mają prawo do tych samych praw i uznania, czy też reprezentują wyłącznie odrębne jednostki? Te pytania obciążają nasze ramy prawne i etyczne i sugerują, że nasza wiedza na temat osobowości może dodatkowo wymagać dostosowania się w odpowiedzi na nowe odkrycia w dziedzinie neuronauki i badań nad rozpoznaniem.

Neurobiologia prezentuje fascynującą soczewkę, przez którą można odkryć możliwość równoległych ewentualności poznawczych. Podczas gdy wiele z tego pozostaje spekulatywne, rosnące badania w sieciach mózgowych, mechanice kwantowej i zmienionych stanach świadomości wskazują, że ludzki umysł może być zdolny do doświadczania kilku współobecnych strumieni skupienia. Te scenariusze równoległej świadomości nie tylko kwestionują naszą wiedzę o umyśle i tożsamości, ale także otwierają nowe ścieżki dociekań nad naturą poznania, wolną wolą i jaźnią. Gdy nadal analizujemy tajemnice mózgu, możemy odkryć, że właściwa natura uwagi jest o wiele bardziej złożona i wielowymiarowa, niż kiedykolwiek sobie wyobrażaliśmy.

6.5 Symulacja w symulacji: nakładające się na siebie rzeczywistości wszechświata

Koncepcja, że nasza prawda może być symulacją, od dziesięcioleci fascynuje filozofów, naukowców i futurologów. Początkowo zaproponowana na początku XXI wieku, spekulacja symulacyjna zakłada, że cały nasz wszechświat będzie syntetyczną konstrukcją, wygenerowaną przy użyciu ery wyższej cywilizacji. Sama koncepcja podnosi głębokie pytania o charakter rzeczywistości, istnienie i nasze sąsiedztwo w kosmosie. Jednak wyniki idei symulacji stają się jeszcze bardziej interesujące, gdy weźmie się pod uwagę możliwość, że powinno istnieć wiele warstw symulacji, każda zagnieżdżona w każdej innej.

Czy możemy znajdować się w symulacji, a w takim przypadku, czy symulacja sama w sobie może być tylko jedną warstwą głębszej, bardziej złożonej sieci symulowanych rzeczywistości?

Sercem hipotezy symulacji jest idea, że wyższe cywilizacje mogą posiadać moc obliczeniową, aby tworzyć fantastycznie najnowocześniejsze symulacje kompletnych wszechświatów. Symulacje te będą tak zaawansowane, że istoty w nich żyjące mogą być ślepe na ich syntetyczną naturę, doświadczając ich globalności tak, jakby była prawdziwa. Idea ta została szczególnie sformułowana przez logika Nicka

Bostroma w 2003 r., który zasugerował, że przynajmniej jedno z następujących 3 twierdzeń musi być prawdziwe:

1. Ludzka cywilizacja prawdopodobnie nie osiągnie takiego poziomu rozwoju technologicznego, który umożliwi jej tworzenie realistycznych symulacji wszechświata.

2. Zaawansowane cywilizacje mogą nie być zainteresowane przeprowadzaniem takich symulacji.

3. Prawie na pewno żyjemy w symulacji generowanej komputerowo.

Argument Bostroma opiera się na założeniu, że jeśli istnieje wystarczająco lepsza cywilizacja, będzie ona w stanie tworzyć symulacje nieodróżnialne od „rzeczywistego" faktu. Biorąc pod uwagę wykładniczy wzrost energii obliczeniowej i udoskonalenie sztucznej inteligencji, nietrudno sobie wyobrazić, że przyszłe cywilizacje mogą symulować całe światy, całe z istotami świadomymi, które mogłyby cieszyć się swoim istnieniem jako autentycznym.

Co jednak się dzieje, gdy tego rodzaju symulacje same w sobie są poddawane symulacji? Czy wszechświat stworzony przy pomocy jednego bytu może być symulowany przy pomocy innego, bardziej nadrzędnego bytu, co prowadzi do warstwowego, zagnieżdżonego faktu, w którym każda symulacja jest ślepa na głębszy kształt?

Jeśli przyjmiemy koncepcję, że nasz wszechświat jest symulacją, idea „symulacji wewnątrz symulacji" wydaje się niemal nieunikniona. Każdy poziom symulacji może chcieć działać z własnym zestawem reguł, fizyki i parametrów, nawet będąc mimo to konstrukcją wewnątrz szerszego systemu. W tym kontekście fakt, który rozumiemy jako „prawdziwy", jest prawdopodobnie tylko jedną warstwą z wielu, z których każda może mieć własną symulowaną populację, prawa natury i wariacje czasu i przestrzeni.

Powstaje pytanie: w jaki sposób te warstwy symulacji są ze sobą powiązane i jak możemy je rozróżnić? W symulacji wewnątrz symulacji populacja każdej warstwy może nie być świadoma głębszego etapu symulacji, dopóki nie posiądzie kilku sposobów na jej wykrycie. Ta idea nawiązuje do testu koncepcyjnego „Matrixa", w którym ludzie przebywają w symulowanym świecie kontrolowanym przez maszyny, nieświadomi, że całe ich istnienie jest wymyślone.

W przypadku zagnieżdżonych symulacji złożoność symulacji wyższego poziomu jest prawdopodobnie nieco trudniejsza niż niższe stopnie, ale niższe poziomy nie miałyby możliwości postrzegania lepszego faktu. Tworzy to paradoks: w jaki sposób którykolwiek z mieszkańców tych symulacji może kiedykolwiek zdać sobie sprawę, czy może znajdować się w rzeczywistości „bazowej", czy też ich świat jest symulacją stworzoną przy pomocy zewnętrznego bytu? Warstwowanie rzeczywistości zaciera granice między tym, co jest „rzeczywiste", a tym, co jest sztucznie zbudowane, a każda warstwa może wydawać się równie rzeczywista dla jej mieszkańców, jak następna.

Jedną z najbardziej wiszących zdolności hipotezy symulacji jest jej zdolność do przecięcia się z ustaleniami mechaniki kwantowej. Mechanika kwantowa, ze swoimi nienormalnymi i kontrintuicyjnymi ideami, już teraz kwestionuje nasze klasyczne rozumienie rzeczywistości. Zjawiska takie jak superpozycja, splątanie i rozpad cech falowych sugerują, że fakt na etapie kwantowym nie działa już w ustalony, deterministyczny sposób. Zamiast tego szczątki istnieją w więcej niż jednym stanie jednocześnie, dopóki nie zostaną zaobserwowane, a akt pomiaru wpływa na końcowe wyniki.

Ta płynna, probabilistyczna natura prawdy kwantowej właściwie wpisuje się w ideę symulowanego wszechświata, w którym prawda może być ciągle „renderowana" przede wszystkim na podstawie pragnień mieszkańców symulacji. Podobnie jak program laptopa dynamicznie generuje arenę wokół osoby na podstawie wejścia i interakcji, symulowany wszechświat może rozwijać się zgodnie z działaniami i obserwacjami istot w nim przebywających. „Dezintegracja" funkcji falowej kwantowej może być wówczas postrzegana jako forma testu prawdy, w którym programowanie symulacji rozwiązuje niepewność poprzez renderowanie określonych wyników końcowych.

W symulacji w scenariuszu symulacji każda warstwa rzeczywistości może chcieć mieć swoją własną mechanikę kwantową, prawdopodobnie rządzoną przez unikatowe zestawy reguł. Interakcje między tymi warstwami mogłyby stać się jeszcze bardziej skomplikowane, a lepsze stopnie symulacji wprowadzałyby nowe rodzaje niepewności i możliwości. Przeszkody między różnymi symulowanymi rzeczywistościami powinny się na siebie nakładać, tworząc trudny i wielowarstwowy kształt, w którym mieszkańcy każdej warstwy nie są świadomi swojej własnej symulowanej natury i stylów życia głębszych warstw.

Pomysł wielu, nakładających się symulacji zwiększa głębokie pytania filozoficzne o charakter stylów życia. Jeśli nasz fakt jest tylko jedną z wielu warstw, co to sugeruje dla naszego doświadczenia siebie, naszej luźnej woli i przyczyny naszego życia? Czy jesteśmy po prostu stworzeni z symulacji wyższego poziomu, czy też będziemy mieli życie bezstronne wobec symulacji, w których żyjemy?

Jednym z istotnych problemów w idei symulacji jest idea „realności". Co oznacza, że coś jest realne? W świecie, w którym jesteśmy coraz bardziej zależni od środowisk wirtualnych i cyfrowych, ślady między „rzeczywistym" a „symulowanym" stają się coraz bardziej niewyraźne. Rzeczywistości wirtualne, wraz z tymi tworzonymi przez gry wideo lub symulacje immersyjne, oferują już badania, które mogą być nieodróżnialne od świata fizycznego dla ludzi w nich żyjących. Jeśli symulacja jest wystarczająco wyrafinowana, jej mieszkańcy również nie będą w stanie odróżnić jej od „rzeczywistego" świata, nawet jeśli jest to tylko cień głębszej warstwy symulacji.

To prowadzi do pytań o charakter identyfikacji i stylów życia wewnątrz symulowanego wszechświata. Jeśli przebywamy w symulacji, co dzieje się z naszym poczuciem siebie? Czy jesteśmy po prostu postaciami wewnątrz programu, czy też możemy mieć przedsiębiorczość i autonomię, pomimo naszej sztucznej natury? Koncepcja „luźnej woli" nabiera nowego wymiaru w kontekście zagnieżdżonych symulacji, gdzie każde nasze pragnienie jest prawdopodobnie determinowane poprzez programowanie symulacji, nawet jeśli nadal czujemy, że manipulujemy naszymi ruchami.

Ponadto, możliwość zagnieżdżonych symulacji wymagających sytuacji naszej wiedzy o motywie i tym, co oznacza. Jeśli nasz fakt jest tylko jedną warstwą w sekwencji symulacji, czy nasze istnienie ma jakieś inherentne znaczenie, czy jest to po prostu symulacja w symulacji, rozgrywająca się zgodnie z celami i intencjami bytu wyższego szczebla? A jeśli żyjemy w symulacji, czy jest możliwe, że „prawdziwy" wszechświat, jeśli istnieje, jest czymś całkowicie unikalnym od tego, co postrzegamy?

Z technologicznego punktu widzenia, rozwijanie symulacji wewnątrz symulacji wymagałoby ogromnej mocy obliczeniowej. Zasoby obliczeniowe, które musiałyby symulować wszechświat ze złożoną fizyką, biologią i świadomością, mogłyby być astronomiczne, a wymagania dotyczące mocy byłyby duże. Jednak, ponieważ moc obliczeniowa nadal rozwija się wykładniczo, jest możliwe, że cywilizacje przeznaczenia — głównie te, które są w stanie manipulować czasem przestrzennym na podstawowym poziomie — mogą chcieć tworzyć symulacje, które są nieodróżnialne od „prawdy".

Pojawienie się komputerów kwantowych, z ich zdolnością do wykonywania obliczeń z prędkością znacznie przekraczającą prędkość klasycznych komputerów, może dodatkowo pewnego dnia umożliwić pojawienie się symulacji, które mogą być tak skomplikowane, że mieszkańcy ich wnętrza nie będą w stanie odróżnić ich od „rzeczywistego" wszechświata. W tym stanie rzeczy koncepcja zagnieżdżonych symulacji stanie się coraz bardziej praktyczna, ponieważ każdą warstwę można symulować za pomocą jej osobistego zestawu zasobów obliczeniowych, co umożliwi równoległe współistnienie wielu rzeczywistości.

Koncepcja symulacji wewnątrz symulacji podważa naszą wiedzę o rzeczywistości i życiu. Jeśli przyjmiemy, że nasz wszechświat jest symulacją, możliwość istnienia wielu warstw symulowanych rzeczywistości staje się ziołowym rozszerzeniem tej spekulacji. Każda warstwa może mieć własne zasady i fizykę, tworząc skomplikowany i powiązany kształt nakładających się rzeczywistości. Podczas gdy utrzymujemy, że badamy implikacje koncepcji symulacji, musimy zmagać się z pytaniami o naturę identyfikacji, luźną wolę i samo znaczenie istnienia. Niezależnie od tego, czy przebywamy w symulacji, czy nie, idea zagnieżdżonych, nakładających się rzeczywistości zaprasza nas do przemyślenia naszej wiedzy o wszechświecie i naszym miejscu w nim.

Fevzi H.

ROZDZIAŁ 7

Świadomość zbiorowa, umysł uniwersalny i pole kwantowe

7.1 Koncepcja nieświadomości zbiorowej i uniwersalnego pola wiedzy Carla Junga

Carl Jung, jedna z najbardziej wpływowych postaci w nowatorskiej psychologii, dodał koncepcję „nieświadomości zbiorowej", intensywną zmianę tradycyjnej wiedzy o myślach podświadomych. Podczas gdy Freud koncentrował się na niepublicznej podświadomości, Jung pomnożył zakres technik nieświadomych, aby obejmowały wspólne, odziedziczone czynniki w całej ludzkości. Według Junga, nieświadomość zbiorowa zawiera regularnie występujące style, symbole i archetypy, które wykraczają poza doświadczenia charakteru i są wspólne dla kultur, okresów czasu i pokoleń. Ta postępowa koncepcja nie tylko zmieniła sferę psychologii, ale także otworzyła drzwi do głębszych filozoficznych i duchowych dociekań nad charakterem samego poznania.

W sercu idei Junga leży idea, że pod naszą prywatną podświadomością, która przechowuje stłumione wspomnienia i historie właściwe dla każdej osoby, istnieje ustalona warstwa podświadomego materiału współdzielonego przez wszystkich ludzi. Ta warstwa składa się z archetypów — pierwotnych obrazów lub symboli, które kształtują ludzkie studia, umysł i zachowania. Archetypy te obejmują postacie, w tym Bohatera, Cień , Animę i Mądrego Starzec, z których każda reprezentuje codzienne ludzkie recenzje i wzorce psychologiczne.

Jung uważał, że archetypy te nie są odkrywane ani nabywane poprzez doświadczenie, ale są dziedziczone z odległej przeszłości, osadzone w zbiorowej psychice ludzkości. Tworzą głębszą, metafizyczną warstwę ludzkiego umysłu, która łączy nas ze zrozumieniem i historiami poprzednich pokoleń, a także z archetypowymi tematami, które kształtują ludzkie życie. Ta zbiorowa nieświadomość nie zawsze jest ograniczona do jednej osoby lub grupy, ale jest wspólnym polem wiedzy, które łączy wszystkich ludzi zbiorowo.

Pomysł Junga wykracza poza ramy psychologii, przeplatając się z zasadami filozoficznymi, religijnymi, a nawet klinicznymi. Jego praca uwzględnia kierunek stylów życia uniwersalnego podmiotu informacji, który leży u podstaw ludzkiej świadomości. Te „akceptowane myśli", jak niektórzy je nazywają, obejmują teraz nie tylko zbiorową świadomość ludzkości, ale także potencjał głębszej, bardziej powiązanej formy doświadczenia, która wykracza poza granice świadomości charakteru.

Koncepcja Junga dotycząca zbiorowej nieświadomości odkrywa paralelę w pojęciu ogólnej dyscypliny informacji, metafizycznego pola, które wykracza poza indywidualne umysły i obejmuje wszystkie informacje, wiedzę specjalistyczną i umiejętności wszechświata. Ta koncepcja sugeruje, że wszystkie żyjące istoty są ze sobą połączone na głębokim, nieświadomym etapie i że istnieje wspólne źródło informacji, do którego będziemy mieli dostęp, nawet jeśli nie jesteśmy stale świadomi tego.

Zdaniem Junga, zbiorowa nieświadomość zapewnia bezpośredni związek z archetypowymi wzorcami wszechświata. Wzory te nie są po prostu abstrakcyjnymi symbolami; stanowią one podstawowe prawdy samych stylów życia. Jung uważał, że poprzez eksplorację głębin zbiorowej nieświadomości jednostki mogą uzyskać dostęp do głębszej wiedzy na temat siebie i otaczającego je sektora, osiągając formę wiedzy, która wykracza poza codzienne ludzkie postrzeganie.

Ten popularny obszar zrozumienia nie ogranicza się wyłącznie do ludzkiej psychiki. Zaleca się, aby wszystkie istoty żywe, a być może wszystkie liczące się, były powiązane poprzez tę wspólną, niesąsiedzką dyscyplinę rozpoznawania. Ta koncepcja jest zgodna z poglądem fizyki kwantowej na wszechświat jako połączoną całość, gdzie wszystko istnieje w narodzie potencjalności, a wszystkie zjawiska są zasadniczo połączone.

Archetypy Junga są głęboko zakorzenione w zbiorowej podświadomości, prezentując ramy dla wiedzy o wielkim, złożonym zakresie ludzkich historii. Archetypy te nie są bez wątpienia symbolicznymi reprezentacjami; są budulcem ludzkiej świadomości. Jung teoretyzował, że są odpowiedzialne za kształtowanie naszych percepcji, myśli i zachowań, działając jako szablony dla sposobu, w jaki odnosimy się do otaczającej nas areny.

Jung uważał jednak, że archetypy te mają głębszą, transcendentną naturę. Reprezentują zwyczajowe zasady, które wykraczają poza ludzkie rozkoszowanie się i są powiązane z większymi siłami wszechświata. Na przykład archetyp „Ja" reprezentuje zjednoczenie świadomego i nieświadomego umysłu, symbol integracji i całości. Podobnie „Cień" reprezentuje ciemniejsze, stłumione aspekty psychiki, ale służy również jako źródło ukrytego zrozumienia i twórczego potencjału.

W kontekście regularnej dyscypliny know-how archetypy Junga mogą być uważane za czynniki dostępu do głębszych, większych standardowych prawd. Działają jako pośrednicy między umysłem człowieka a zbiorowością, pozwalając nam czerpać ze wspólnej wiedzy fachowej ludzkości i bardziej kosmicznej inteligencji, która leży u podstaw wszelkiej egzystencji. Archetypy te kształtują pomost między tym, co prywatne, a tym, co szeroko rozpowszechnione , ułatwiając przepływ wiedzy ze zbiorowej podświadomości do skupienia człowieka.

Idea normalnej dyscypliny wiedzy ma pewne paralele z koncepcjami odkrytymi w fizyce kwantowej, w szczególności z koncepcją obszaru kwantowego. Mechanika kwantowa słynie z tego, że wszechświat składa się z leżącego u jego podstaw, połączonego pola elektryczności, które rządzi zachowaniem się wszystkich cząstek i sił. Ten obszar kwantowy nie jest zlokalizowany w przestrzeni ani czasie, ale istnieje jako niesąsiedzka, wszechobecna matryca potencjału. Każda cząstka, każda cecha falowa jest częścią tego obszaru, a cały wszechświat jest połączony za pośrednictwem tej niewidzialnej sieci energii.

Podobnie jak zbiorowa podświadomość Junga pokazuje wspólny, niewidzialny podmiot wiedzy, który łączy wszystkich ludzi, pole kwantowe reprezentuje niewidzialną społeczność elektryczności, która łączy wszystkich we wszechświecie. W obu przypadkach pole to jest źródłem potencjału, z którego wszystkie rzeczy powstają i do którego wracają. W ujęciu Junga zbiorowa nieświadomość jest psychicznym odpowiednikiem podmiotu kwantowego: jest źródłem wszelkiej mocy psychicznej, polem, przez które archetypy się dzieją i mają wpływ na ludzkie skupienie.

Nakładanie się idei zbiorowej podświadomości i koncepcji kwantowej zachęca nas do przypomnienia sobie możliwości, że wszechświat działa na o wiele głębszym etapie współzależności, niż jesteśmy świadomie wtajemniczeni. Podobnie jak kwantowe śmieci są połączone poza regionem, ludzka psychika może być połączona z konwencjonalnym obszarem wiedzy, który wykracza poza uwagę mężczyzny lub kobiety. To połączenie może również pozwolić nam dotrzeć do głębszych, większych fundamentalnych prawd wszechświata, tak jak mechanika kwantowa sugeruje, że wszechświat jest pełen ukrytych, wzajemnie powiązanych możliwości, do których możemy uzyskać dostęp poprzez właściwe podejście.

Jungowska koncepcja zbiorowej podświadomości zakłada, że ludzie nie są odizolowanymi ludźmi, ale częścią większego, połączonego rozpoznania. Ta uwaga wykracza poza ludzkie życie i historie, przekazując informacje, wiedzę specjalistyczną i radość z technologii do technologii. Zbiorowa podświadomość nie jest statyczna, ale ciągle ewoluuje, ponieważ nowe historie i spostrzeżenia są włączane do wspólnej psychicznej dyscypliny ludzkości.

Z ewolucyjnego punktu widzenia, zbiorowa nieświadomość jest krytyczną częścią ludzkiego rozwoju. Pozwala ludziom na adaptację nie tylko poprzez procesy biologiczne, ale także poprzez rozwój psychiczny i religijny. Archetypy, które kształtują ludzką przyjemność, pomagają nam kierować się ku większej wiedzy i samoświadomości, przekazując plan rozwoju osobistego i zbiorowego. W miarę ewolucji ludzkości, archetypy te mogą się również zmieniać i wymieniać, włączając nowe spostrzeżenia i perspektywy do zbiorowej psychiki.

Jednak koncepcja ogólnych myśli również zwiększa pytania o przyszłość ludzkiej świadomości. Jeśli zbiorowa podświadomość jest rozwijającym się, połączonym przedmiotem ekspertyzy, czy ludzkość powinna przenosić się bliżej dodatkowej zbiorowej uwagi, takiej, w której indywidualne rozpoznanie łączy się z większym kosmicznym umysłem? Ta zdolność do zbiorowego poszerzenia świadomości jest zgodna z tradycjami religijnymi i dociekaniami filozoficznymi, które mówią o ostatecznym „zjednoczeniu" lub „jedności" ze wszechświatem, w którym granice między jednostką a zbiorowością rozpływają się.

Koncepcja zbiorowej nieświadomości Carla Junga oferuje głębokie zrozumienie wzajemnych powiązań ludzkiej uwagi. Poprzez dotarcie do tej głębszej warstwy psychiki ludzie mogą uzyskać dostęp do ogólnego zrozumienia i informacji, przekraczając granice osobistych doświadczeń. Idea typowego obszaru informacji jest zgodna z odkryciami fizyki kwantowej, sugerując, że wszechświat działa na głębszym, wzajemnie połączonym etapie, w którym wszystkie rzeczy są połączone za pomocą niesąsiedzkiego, współdzielonego podmiotu pojemności. Gdy będziemy dalej badać te myśli, możemy odkryć, że nasze rozumienie uwagi, rzeczywistości i samego wszechświata jest o wiele bardziej skomplikowane i wzajemnie powiązane, niż kiedykolwiek sobie wyobrażaliśmy.

7.2 Czy Wszechświat jest Umysłem? Panpsychizm i Hipoteza Uniwersalnej Świadomości

Percepcja, że rozpoznanie nie zawsze jest całkowicie wytworem mózgu mężczyzny lub kobiety, ale jest fundamentalną właściwością samego wszechświata, jest postawą, która urzekła myślicieli z różnych dyscyplin, od filozofii po fizykę kwantową. Ta idea tworzy ideę panpsychizmu, teorii, która wskazuje, że skupienie nie jest ograniczone do istot ludzkich, zwierząt, a nawet istot żyjących, ale jest właściwością inherentną wszystkim, co pamiętamy, przenikającą samą materię wszechświata. Panpsychizm prezentuje intensywne odejście od tradycyjnego poglądu na skupienie, dostarczając głębokich implikacji dla naszej wiedzy o rzeczywistości, rozpoznaniu i kosmosie jako całości.

Panpsychizm zakłada, że świadomość nie zawsze jest czymś, co całkowicie wyłania się w złożonych systemach biologicznych, w tym w mózgach, ale jest podstawową funkcją wszystkich liczb, porównywalną do różnych właściwości cielesnych, takich jak masa lub ładunek. Sam okres czasu pochodzi od greckich słów pan (wszystko) i psyche (dusza lub myśli), odzwierciedlając postrzeganie, że wszystko we wszechświecie, od najmniejszej cząsteczki do najważniejszej galaktyki, posiada pewien kształt uwagi. Nie zawsze oznacza to, że każdy obiekt ma świadomość w taki sposób, w jaki mają ją ludzie, ale zamiast tego każdy, kto jest liczony, niesie ze sobą element rozkoszy lub świadomości.

Filozoficznie, panpsychizm wymaga sytuacji dominującego poglądu w dzisiejszym technologicznym know-how, który utrzymuje, że świadomość jest wyłaniająca się, wyłaniająca się ze skomplikowanych przygotowań nieświadomej zależności — w tym neuronowej rozrywki w mózgu. Panpsychiści twierdzą, że ten kąt nie bierze pod uwagę samej natury samego rozpoznania i jego relacji z globalnym ciałem . Zamiast być spóźnionym przybyszem ewolucji, rozpoznanie może być wplecione w strukturę wszechświata, tak samo wewnętrzne i niezbędne jak przestrzeń, czas lub moc.

Pomysł, że wszechświat jest przesiąknięty skupieniem, nie jest niczym nowym. Wywodzi się ze starożytnych tradycji filozoficznych. W starożytnej Grecji filozofowie tacy jak Heraklit zaproponowali, aby wszystko we wszechświecie zostało połączone i rządzone za pomocą leżącego u jego podstaw „Logosu", racjonalnej zasady, która byłaby widoczna jako forma ogólnej inteligencji lub umysłu. Na Wschodzie hinduizm i buddyzm wedantyjski przyjęły myśl, że wszechświat nie zawsze jest tylko świadomy, ale że skupienie charakteru jest odbiciem uniwersalnej, wszechogarniającej świadomości.

W stoicyzmie idea „Duszy Świata" zalecała, aby wszechświat przekształcił się w byt mieszkalny, przesiąknięty racjonalnym umysłem, który kierował wszystkimi strategiami ziołowymi. W filozofii zachodniej myśliciele, tacy jak Baruch Spinoza, argumentowali za poglądem panteistycznym, w którym Bóg i natura były jednym, a sam wszechświat przekształcił się w manifestację boskiego, racjonalnego umysłu. Te wczesne myśli położyły podwaliny pod nowatorski panpsychizm, sugerując, że uwaga jest prawdopodobnie konwencjonalną, wewnętrzną własnością wszystkich rzeczy.

Podczas gdy panpsychizm ma głębokie korzenie filozoficzne, jego współczesne znaczenie gwałtownie wzrosło, w dużej mierze dzięki postępom w mechanice kwantowej i rosnącym wyzwaniom stawianym klasycznemu poglądowi na myśli i materię. We współczesnej filozofii panpsychizm zyskał na znaczeniu dzięki pracom uczonych takich jak David Chalmers, który kwestionował, dlaczego świadomość, zjawisko niematerialne, jest tak ściśle powiązane z fizycznymi procesami mózgu. Chalmers postuluje „trudny problem poznania", pytając, dlaczego i w jaki sposób subiektywne raporty powstają z taktyk cielesnych. Panpsychizm oferuje rozwiązanie, sugerując, że świadomość może nie wyróżniać się pod żadnym względem od technik cielesnych, ale alternatywnie, że jest podstawową funkcją rzeczywistości, występującą we wszelkiej materii.

W świecie mechaniki kwantowej pojawiły się podobne wymagające sytuacje jak w klasycznym materializmie. Splątanie kwantowe, nielokalność i dualizm korpuskularno-falowy są czynnikami wszechświata, który zachowuje się w sposób, który przeczy klasycznemu wyjaśnieniu, sugerując głębsze, wzajemnie powiązane warstwy prawdy. Niektórzy zwolennicy panpsychizmu doszukują się paraleli między tymi zjawiskami kwantowymi a koncepcją konwencjonalnego rozpoznania, argumentując, że niesąsiedzkie wzajemne powiązania obserwowane w systemach kwantowych odzwierciedlają wszechobecną naturę poznania w panpsychistycznym światopoglądzie.

Jednym z najbardziej przekonujących pomysłów w mechanice kwantowej jest to, że cząstki nie są z pewnością przedmiotami osobistymi, ale istnieją w obszarze potencjalności, najlepiej „identyfikując" swoje królestwo, gdy są zlokalizowane lub mierzone. Ta percepcja podnosi głębokie pytania na temat relacji między uwagą a wszechświatem fizycznym, ponieważ wydaje się, że sama uwaga może odgrywać rolę w kształtowaniu rzeczywistości. Niektórzy teoretycy zalecają, aby sama tkanina kwantowego świata była przesiąknięta skupieniem, a ta świadomość może odgrywać rolę w określaniu wyniku pomiarów kwantowych.

Znana hipoteza umysłu posuwa ideę panpsychizmu o krok w podobny sposób, proponując, że cały wszechświat jest świadomy. W tym ujęciu sam wszechświat jest bystrym, żywym organizmem — znaczącym, połączonym rozpoznaniem, które rozciąga się na cały czas, przestrzeń i wszystkie poziomy istnienia. Ten kąt nie jest jedynie spekulacją metafizyczną, ale raczej radykalnym przemyśleniem samej prawdy. Jeśli wszechświat jest świadomy, to wszystko w nim — każda galaktyka, każda gwiazda, każdy atom — może być częścią większego, wszechogarniającego umysłu.

Pomysł wszechświata jako uniwersalnego umysłu lub poznania prowadzi do kilku pytań filozoficznych i medycznych. Jeśli uwaga jest fundamentalną właściwością wszechświata, to jaka jest funkcja ludzkiej świadomości osoby w tym dodatkowym umyśle? Niektórzy teoretycy twierdzą, że ludzie są jak zlokalizowane czynniki świadomości wewnątrz konwencjonalnej świadomości, a nasze indywidualne umysły są wyrazem tego większego, kosmicznego umysłu. Ta koncepcja odzwierciedla pewne wątki mistycyzmu i filozofii Wschodu, które popierają, że świadomość osoby jest iluzją, a rzeczywiste oświecenie pochodzi ze zrozumienia jedności jednostki ze wszechświatem.

Normalne spekulacje umysłu podnoszą również pytania o naturę wolnej woli. Jeśli wszechświat jest świadomy, czy całość jest z góry określona za pomocą tego większego umysłu, czy też istoty ludzkie mają zdolność kształtowania własnego losu? Niektórzy panpsychiści sugerują, że świadomość charakteru może mieć pewien stopień autonomii, jednak ta autonomia nadal jest zakorzeniona w większej, zbiorowej inteligencji wszechświata. Inni sugerują, że wolna wola jest iluzją, a to, co postrzegamy jako preferencję, jest prawdziwym wyrazem wrodzonej inteligencji wszechświata.

Przyjęcie panpsychizmu jako możliwej hipotezy naukowej zasadniczo zamieniłoby nasze rozumienie natury uwagi i jej zalotów na fizyczną internacjonalność. Obecne paradygmaty kliniczne są głęboko zakorzenione w redukcjonistycznym poglądzie na świadomość — w którym umysł jest widoczny jako wyłaniający się element skomplikowanych struktur fizycznych. Panpsychizm kwestionuje ten pogląd, sugerując, że poznanie nie jest wyłaniające się, jakkolwiek nieodłączne dla wszystkich polegających. Oznaczałoby to, że skupienie nie jest produktem ubocznym mózgu, ale istotnym aspektem samego faktu, prawdopodobnie dostępnym poprzez nowe procedury kliniczne.

Jedną z dróg do badań nad przeznaczeniem jest eksploracja neuronalnych korelatów świadomości — poszukiwanie konkretnych systemów mózgowych i technik, które zapewniają wzrost świadomej przyjemności. Panpsychizm może sugerować, że uwaga nie jest zlokalizowana w mózgu przeze mnie, ale rozciąga się na cały wszechświat, być może biorąc pod uwagę nowe spostrzeżenia na temat natury faktu i samego rozpoznania. Może to doprowadzić do rozwoju zupełnie nowych dziedzin obserwacji, które łączą dystans między fizyką, biologią i psychologią, dostarczając bardziej holistycznej wiedzy o wszechświecie.

Ponadto panpsychizm powinien utorować drogę dla zupełnie nowych spostrzeżeń na temat wzajemnych powiązań wszystkich rzeczy. Postrzegając skupienie jako fundamentalną własność materii, możemy zacząć rozumieć głębokie wzajemne powiązania wszystkich żyjących rzeczy, a także relacje między indywidualnymi świadomościami. Powinno to mieć głębokie implikacje dla sposobu, w jaki rozumiemy ludzkie relacje, społeczeństwo i zbiorową inteligencję gatunku.

Panpsychizm i hipoteza zwyczajowych myśli zapewniają gruntowne i transformacyjne podejście do charakteru świadomości i prawdy. Sugerując, że świadomość jest fundamentalnym aspektem wszechświata, występującym we wszystkich liczbach, te teorie te ryzykują konwencjonalny pogląd na świadomość jako coś, co pojawia się tylko w złożonych strukturach biologicznych. Ponieważ nauka i filozofia utrzymują, że badają tajemnice uwagi, koncepcja zwyczajowych myśli może dodatkowo oferować klucz do odblokowania głębszych prawd wszechświata, ujawniając kosmos, który nie zawsze jest najlepszy duży i skomplikowany, ale dodatkowo świadomy i połączony na najważniejszych poziomach.

7.3 Kroniki Akaszy: Czy możliwy jest dostęp do pola wiedzy?

Akashic Records to metafizyczna idea zdefiniowana jako wspólna dyscyplina faktów, która zawiera całą wiedzę o wszechświecie. Ta idea została powiązana z naukami religijnymi i okultystycznymi, jednak podobne kwestie pojawiają się w wielu kulturach historycznych. Uważa się, że Akashic Records przechowują statystyki każdej okazji, koncepcji, emocji, intencji i potencjalnej przyszłości, przeszłości i teraźniejszości w kosmosie, czyniąc je „kosmiczną bazą danych" wszelkiego życia. Jednak to, czy Akashic Records opierają się całkowicie na standardach medycznych, pozostaje przedmiotem dyskusji we współczesnej sieci klinicznej.

Początków idei Kronik Akaszy można doszukiwać się w indyjskiej filozofii i hinduizmie. Sanskryckie słowo Akasha tłumaczy się jako „eter" lub „przestrzeń" i odnosi się do wszechogarniającej dyscypliny, która, jak się uważa, obejmuje zapisy całego wszechświata. Ta dziedzina zawiera duchowe zrozumienie, zbiorową świadomość i wszystkie potencjalne informacje w czasie. W naukach teozoficznych, w szczególności za pośrednictwem postaci takich jak Helena Blavatsky i Charles Leadbeater, koncepcja Kronik Akaszy zyskała popularność na Zachodzie. Jest ona definiowana jako sfera, w której można faktycznie uzyskać dostęp do poprzednich wcieleń, historii ludzkości i uzyskać wgląd w swój niesekularny kierunek.

Pomysł Kronik Akaszy jest zgodny z pomysłami odkrytymi w starożytnym Egipcie, Grecji, Chinach i Mezopotamii, w których można zaobserwować porównywalne tematy dotyczące utrzymania szeroko rozpowszechnionej wiedzy. W starożytnym Egipcie pisma przypisywane bogu Thothowi ostrzegały przed istnieniem pisemnych zapisów, które zachowały całą wiedzę o wszechświecie. W starożytnej Grecji Platon dodał koncepcję „Świata Idei", w którym można uzyskać dostęp do wszystkich ogólnych prawd i informacji, temat, który dokładnie przypomina Kroniki Akaszy.

W dzisiejszych czasach ruch New Age i tradycje spirytualistyczne rozszerzyły koncepcję Kronik Akaszy, postrzegając je jako kosmiczną bibliotekę, która może prowadzić jednostki w ich duchowych podróżach. Uważa się, że dane te obejmują ukierunkowane zapisy dotyczące życia pozagrobowego, historii prywatnych i przyczyn życia, a ludzie wierzą, że uzyskują dostęp do tej wiedzy poprzez głębokie praktyki duchowe.

Dostęp do Kronik Akaszy jest ogólnie definiowany jako sposób dotyczący medytacji, introspekcji lub intuicyjnego przewodnictwa. Praktykujący duchowo twierdzą, że poprzez te strategie ludzie mogą połączyć się z tymi kosmicznymi danymi i uzyskać czytelność motywu swojego życia, uzdrowić się ponad traumę lub otrzymać wskazówki z wyższych sfer duchowych. Jednak z naukowego punktu widzenia te raporty są często postrzegane jako subiektywne i obecnie nieweryfikowalne empirycznie, co prowadzi do sceptycyzmu co do ich rzeczywistego istnienia.

W ostatnich latach dyskusje na temat Akashic Records przecinały się z ideami fizyki kwantowej i koncepcją faktów. Niektórzy doszukiwali się paraleli między Akashic Records a kwantowym podmiotem — podstawową strukturą wszechświata, która obejmuje wszystkie dane pojemnościowe . Teorie kwantowe, szczególnie te związane ze splątaniem kwantowym i zachowaniem statystyk, doradzają, że wszystko wewnątrz wszechświata jest ze sobą powiązane, a statystyki są stale wymieniane między bytami wewnątrz kosmosu. Ta idea sugeruje, że Akashic Records będą rozumiane jako zwykły obszar danych , zgodnie z nowoczesnymi ideami kwantowymi.

Mechanika kwantowa, głównie poprzez standardy nielokalności i splątania, pokazuje, że wszystko we wszechświecie jest szczegółowo powiązane, nawet na ogromne odległości. Teorie otaczające holonomiczny wszechświat Davida Bohma i wiedza Maharishi Mahesh Yogi na temat dyscypliny kwantowej zalecają, że wszechświat może odpowiadać repozytorium danych , przy czym wszystkie zjawiska i świadomość są ze sobą powiązane. Ten sposób myślenia oznacza, że Akashic Records prawdopodobnie będą manifestacją tego ogólnego obszaru zapisów.

Pytanie, czy Kroniki Akaszy istnieją i w jaki sposób można uzyskać do nich dostęp, pozostaje otwarte. W świecie technologii trudno jest sprawdzić empirycznie wiarę w dostęp do kosmicznej bazy danych wszelkiej wiedzy, a współczesna fizyka zazwyczaj unika akceptowania stylów życia takich abstrakcyjnych konstrukcji bez konkretnych dowodów. Jednak wielu psychologów, neurobiologów i filozofów twierdzi, że koncentracja i podświadomość odgrywają kluczową rolę w kształtowaniu naszych opowieści o prawdzie. Z tego punktu widzenia Kroniki Akaszy można postrzegać jako symbol głębszych stopni poznania, które mogą obejmować teraz nie tylko osobiste wspomnienia, ale także zwykłe zrozumienie osiągalne poprzez podwyższone stany rozpoznania.

Chociaż badania naukowe nie wykazały już istnienia Kronik Akaszy, badają podejścia, w których ludzkie rozpoznanie może być powiązane z dodatkowymi, niesąsiednimi państwami narodowymi faktów. Na przykład badania w dziedzinie parapsychologii, hipnozy i badań nad snami wykazały, że niektórzy twierdzą, że uzyskują dostęp do statystyk wykraczających poza ich bezpośrednią wiedzę, co dodatkowo podsyca spekulacje na temat możliwości połączenia się z konwencjonalnym bankiem danych.

Fevzi H.

Życie Kronik Akaszy i sposób, w jaki prawdopodobnie uzyskuje się do nich dostęp, pozostają tajemnicą. W miarę postępu technologii i pogłębiania się naszej wiedzy na temat rozpoznawania, mechaniki kwantowej i zasad faktów, mogą pojawić się nowe ramy, dzięki którym będziemy mogli zbadać możliwość uzyskania dostępu do tego ogromnego kosmicznego zrozumienia. Niektórzy otwarci naukowcy sugerują, że idee leżące u podstaw Kronik Akaszy mogą nie być po prostu metafizyczne, ale mogą odzwierciedlać głębsze połączenie ze wszechświatem, które w pewnym momencie może zostać lepiej zrozumiane. Niezależnie od tego, czy Kroniki Akaszy są dosłownym, weryfikowalnym zjawiskiem, pozostają intrygującą koncepcją, która łączy duchowe i medyczne poglądy na naturę rzeczywistości.

7.4 Świadomość kosmiczna: Czy ludzkość może zintegrować się z Umysłem Uniwersalnym?

Idea kosmicznej świadomości jest historyczną ideą, która obejmuje wiele tradycji filozoficznych i duchowych, sugerując możliwość bezpośredniego odniesienia ludzkości do lepszego, wspólnego umysłu. Ta zbiorowa lub szeroko rozpowszechniona koncentracja jest koncepcją wykraczającą poza ideę i pojęcie osoby, umożliwiającą wszechogarniającą wiedzę o wszechświecie. Ale czy ludzkość może wyraźnie zjednoczyć się z tego rodzaju kosmiczną inteligencją, a jeśli tak, co to może oznaczać zarówno dla naszego mężczyzny, kobiety, jak i zbiorowego życia?

Idea normalnej lub kosmicznej świadomości jest zakorzeniona w wielu tradycjach historycznych. Indyjska filozofia, szczególnie w Wedancie i hinduizmie, mówi o wierze w Brahmana, nieskończone i wieczne skupienie, które jest esencją wszelkiego wprowadzenia. Podobnie w buddyzmie koncepcja Bodhi lub oświecenia jest widoczna jako głęboka jedność z przyjętą mądrością i rozpuszczeniem ego osoby. Idea, że poznanie nie jest całkowicie zjawiskiem charakteru, ale jest połączone ze wszechświatem jako całością, znajduje się w licznych duchowych i religijnych naukach.

W filozofii zachodniej Ralph Waldo Emerson i William James byli jednymi z pierwszych postaci, które badały koncepcję wyższej lub kosmicznej uwagi. Koncepcja Nadduszy Emersona, szeroko rozpowszechnionego ducha, którego częścią jest każda indywidualna dusza, dokładnie odzwierciedla ideę kosmicznej świadomości. Podobnie Carl Jung, w swojej eksploracji zbiorowej podświadomości, dodał ideę, że ludzkość gromadzi głębsze, podświadome zrozumienie, które łączy wszystkich ludzi w czasie i przestrzeni.

W XX wieku William McDougall ukuł w swojej pracy termin „kosmiczne poznanie". Opisał je jako odmienny kraj świadomości, w którym ludzie rozkoszują się doświadczeniem jedności ze wszechświatem i rozumieją style życia w jego całości, przekraczając granice jaźni. Ta koncepcja jest zgodna z obecną psychologią transpersonalną, która bada przecięcie się indywidualnego rozpoznania ze zbiorową lub normalną świadomością.

Wiele tradycji duchowych i mistycznych opisuje bezpośrednie relacje o łączeniu się z większą, standardową uwagą. Mistycy z różnych kultur — chrześcijańskiej, sufickiej, hinduskiej, buddyjskiej i rdzennoamerykańskiej — często zgłaszają podobne odczucia jedności ze wszechświatem. Te doświadczenia, często nazywane mistycznymi stanami poznania, charakteryzują się głębokim poczuciem jedności, przekroczeniem ego i rozpoznaniem wzajemnego powiązania wszystkich spraw.

Na przykład mistycy suficcy, poprzez praktyki takie jak wirowanie i medytacja, komunikują się o przekształceniu się w jedność z Boskością, doświadczając Jedności z Bogiem w tak surowy sposób, że rozróżnienie między jaźnią a wszechświatem znika. Praktyki jogi hinduizmu również mają na celu osiągnięcie Samadhi, stanu świadomości, w którym jaźń osoby rozpuszcza się, a człowiek osiąga jedność z Boskością.

W obecnych praktykach duchowych opowieści entoptyczne wywołane przez stosowanie substancji psychodelicznych (wraz z DMT i psylocybiną) doprowadziły do odrodzenia się hobby w ramach idei świadomości kosmicznej. Wielu uczestników tych relacji opisuje poczucie głębokiej spójności ze wszechświatem, często po którym następują wizje światła, wzorców i powiązań ze wszystkimi istotami żywymi.

Możliwość istnienia Uniwersalnego Umysłu jest badana w kilku obszarach mechaniki kwantowej i fizyki teoretycznej. Niektórzy fizycy kwantowi zaproponowali, że wszechświat nie zawsze jest tylko zbiorem śmieci i fal, ale jest formą faktów lub świadomości na głębszym poziomie. David Bohm, jedna z czołowych postaci w idei kwantowej, wprowadził koncepcję ukrytego porządku — głębszej warstwy rzeczywistości, w której wszystkie rzeczy są ze sobą powiązane i w której poznanie odgrywa zasadniczą funkcję w kształtowaniu globalnego ciała .

Obrazy Bohma sugerują, że wszechświat jest holoruchem, dynamiczną i połączoną całością, a świadomość jest cennym elementem jego rozwoju. Holonomiczna teoria umysłu, zaproponowana przez Karla Pribrama, jest zgodna z tym przekonaniem, sugerując, że nasza uwaga nie jest zlokalizowana w żadnej pojedynczej części mózgu, ale jest holograficzną metodą, połączoną z całym wszechświatem. Zgodnie z tymi teoriami świadomość nie jest po prostu wyłaniającą się własnością mózgu, ale jest fundamentalnie osadzona w materiale samego wszechświata.

Co więcej, panpsychizm, filozoficzna teoria, że świadomość jest podstawowym zasobem wszystkich polega, zakłada, że nawet najbardziej podstawowe szczątki wszechświata posiadają jakąś formę rozpoznania. Jeśli panpsychizm jest prawdziwy, ludzkość nie będzie w stanie połączyć się z Umysłem Uniwersalnym, ale powinna już być jego częścią, doświadczając różnych poziomów poznania w zależności od złożoności gadżetu.

Podstawowa przeszkoda w integracji z kosmiczną uwagą leży jednak w ego — osobistym poczuciu siebie. Większość tradycji religijnych podkreśla potrzebę przekroczenia ego, aby móc rozkoszować się prawdziwą jednością z kosmosem. Ego, które powstaje poprzez nasze indywidualne recenzje, myśli i wspomnienia, tworzy iluzję odrębności i ogranicza nasze postrzeganie wzajemnych powiązań wszystkich rzeczy.

W wielu praktykach duchowych celem jest rozpuszczenie ego poprzez medytację, modlitwę lub uważność. Ta technika pozwala ludziom doświadczyć zmiany w rozpoznaniu, przechodząc z kraju skupienia na osobie do kraju skupienia kosmicznego, gdzie granice między sobą a innymi zanikają. Często opisuje się to jako rozkoszowanie się samorealizacją lub przekonanie, że jaźń nie jest odcięta od wszechświata, ale jest częścią dodatkowej, połączonej całości.

Z perspektywy neurobiologii, rozkoszowanie się rozpadem ego zostało powiązane ze zmianami w hobby mózgu, w szczególności w społeczności trybu domyślnego (DMN), sieci obszarów mózgu związanych z kwestionowaniem samoodniesienia i ego. Gdy DMN jest wyciszone, jednostki regularnie rejestrują poczucie jedności ze wszechświatem i rozpad granic między sobą a światem.

Pytanie, czy ludzkość może całkowicie połączyć się z Umysłem Uniwersalnym, jest złożone. Z jednej strony, duchowe przeglądy sugerują, że integracja jest możliwa, przynajmniej na krótko, poprzez praktyki mające na celu przekroczenie ego. Z drugiej strony, naukowe zrozumienie pozostaje w powijakach, jeśli chodzi o wyjaśnienie relacji między skupieniem a wszechświatem jako całością.

Niektórzy filozofowie twierdzą, że ludzkość jest z natury powiązana z kosmosem i że w istocie jesteśmy częścią ogromnej kosmicznej świadomości. Jeśli tak jest, to intencją nie jest zawsze połączenie się ze wszechświatem, ale uświadomienie sobie i zrozumienie naszej wrodzonej jedności z nim. Ken Wilber, wybitny znawca psychologii transpersonalnej, wskazuje, że sposób rozwoju duchowego nie polega na oderwaniu się od świata, ale na uświadomieniu sobie, że już jesteśmy jego częścią.

Inni stosują bardziej pragmatyczną technikę, sugerując, że chociaż możliwe jest uzyskanie dostępu do kosmicznego skupienia poprzez odmienne stany myśli, praktyczne oprogramowanie tej wiedzy jest wciąż trwającą podróżą. Z tego punktu widzenia ludzkość może również w żaden sposób nie łączyć się całkowicie z Umysłem Uniwersalnym w sposób, który opisują mistycy, ale powinna nadal pogłębiać swoją wiedzę o wszechświecie poprzez technologię, filozofię i ćwiczenia duchowe.

Wiara w ludzkość integrującą się z kosmiczną uwagą jest fascynująca i trudna. Niezależnie od tego, czy ta integracja ma charakter metafizyczny, duchowy czy medyczny, pokazuje ona głęboką zmianę w sposobie, w jaki postrzegamy siebie i nasze położenie we wszechświecie. Podróż bliżej kosmicznego skupienia jest, w wielu metodach, przygodą w kierunku samorealizacji i informacji o głębokim powiązaniu wszystkich rzeczy. Podczas gdy ludzkość utrzymuje eksplorację granic zarówno wiedzy duchowej, jak i medycznej, pytanie pozostaje: Czy możemy naprawdę zjednoczyć się z Umysłem Uniwersalnym, czy jest to po prostu ideał, do którego dążymy w naszym dążeniu do pozostania faktem?

7.5 Czy wspólna świadomość jest możliwa w równoległych wszechświatach?

Idea równoległych wszechświatów — często nazywana multiwersum — fascynowała filozofów, naukowców i mistyków. Sugeruje możliwość istnienia wielu, być może niezliczonych, wszechświatów obecnych wzdłuż naszego osobistego, każdy z odrębnymi prawami fizyki, historiami i rzeczywistościami. W miarę jak koncepcja multiwersum zyskuje coraz większą popularność w geograficznych regionach fizyki i kosmologii, pojawiają się pytania dotyczące charakteru uwagi wewnątrz tych potencjalnych równoległych światów. Czy wspólna uwaga może wykraczać poza granice jednego wszechświata? Czy możliwe jest, aby poznanie było zunifikowaną przyjemnością w wielu rzeczywistościach?

Koncepcja multiwersum zakłada, że nasz wszechświat może być tylko jednym z wielu w bardzo dużym, prawdopodobnie nieskończonym, gadżecie równoległych wszechświatów. Te wszechświaty mogą być całkowicie od siebie oddzielone lub mogą oddziaływać na siebie w sposób, którego nie możemy nie zrozumieć. Idea równoległych wszechświatów po raz pierwszy nabrała rozpędu dzięki mechanice kwantowej, a konkretnie dzięki interpretacji wielu światów (MWI) zaproponowanej przez fizyka Hugh Everetta w latach pięćdziesiątych XX wieku.

W MWI każdy punkt selekcji kwantowej powoduje rozgałęzienie wszechświata na więcej niż jedną, równoległą rzeczywistość, w której każdy możliwy końcowy wynik zdarzenia kwantowego jest realizowany w jego osobistym wszechświecie. Jeśli świadomość jest wewnętrznie związana z kwantowym krajem wszechświata, implikacją jest to, że uwaga mogłaby istnieć w wielu biurokracjach w różnych równoległych rzeczywistościach. W takim scenariuszu, czy te wyjątkowe przypadki świadomości powinny być powiązane w pewien sposób, mając na uwadze wspólną przyjemność w równoległych światach?

Koncepcja wspólnej świadomości w równoległych wszechświatach podnosi istotne pytania o charakter tożsamości i podmiotowości. Czy indywidualne świadomości są stałe wewnątrz przeszkód niepołączonego wszechświata, czy też powinny przekraczać te bariery i oddziaływać na siebie w więcej niż jednej rzeczywistości? Czy niepołączona świadomość mogłaby zamieszkiwać jednocześnie wyłączne wersje samej siebie w specjalnych wszechświatach, czy też powinny wyjątkowe świadomości w równoległych wszechświatach dzielić zbiorową świadomość?

Splątanie kwantowe to zjawisko, w którym szczątki, które oddziaływały ze sobą, pozostają powiązane, nawet jeśli dzieli je znaczna odległość. Gdy szczątki są splątane, kraj jednego z nich wpływa na kraj alternatywy, niezależnie od przestrzeni między nimi. To natychmiastowe połączenie między odległymi cząstkami wskazuje, że podstawowa struktura rzeczywistości jest o pewien dystans bardziej powiązana, niż moglibyśmy sobie wyobrazić.

Czy splątanie może wzrosnąć do samego rozpoznania? Niektóre teorie spekulują, że świadomość nie jest praktycznie odizolowanym zjawiskiem wewnątrz umysłu postaci, ale może być również zjawiskiem nielokalnym, które działa w całym wszechświecie, a nawet w kilku wszechświatach. Jeśli uwaga jest w jakiś sposób splątana, prawdopodobnie możliwe jest istnienie zbiorowej uwagi w równoległych rzeczywistościach, pozwalając istotom w wyjątkowych wszechświatach dzielić myśli, doświadczenia lub rozpoznanie w sposób, którego jeszcze nie rozumiemy.

Możliwość splątania kwantowego połączonego ze świadomością otwiera sferę spekulatywnych myśli. Jeśli poznanie jest fundamentalną rzeczą wszechświata, jak proponują niektóre teorie panpsychizmu, to możliwe jest, aby świadomość przekroczyła charakter i rozszerzyła się na kilka rzeczywistości, rozwijając wspólny, zjednoczony obszar poznania, który obejmuje multiwersum.

W mechanice kwantowej rola obserwatora jest najważniejsza. Zgodnie z kopenhaską interpretacją mechaniki kwantowej, akt komentarza powoduje załamanie funkcji falowej kwantowej, ustalając wynik zdarzenia kwantowego. Pomysł, że obserwator odgrywa ważną rolę w kształtowaniu faktu, wywołał filozoficzne debaty na temat natury poznania i faktu.

W kontekście wszechświatów równoległych idea obserwatora stanie się jeszcze bardziej ekscytująca. Jeśli idea multiwersum jest poprawna i istnieje nieskończenie wiele różnych wszechświatów równoległych, wówczas świadomość obserwatora może wpływać nie tylko na prawdę wszechświata,

Fevzi H.

w którym żyje, ale także na rzeczywistość wielu wszechświatów jednocześnie. Czy akt komentarza może tworzyć równoległe, świadome raporty w różnych wszechświatach? Czy może istnieć forma wspólnej obserwacji w więcej niż jednej rzeczywistości, umożliwiająca łączenie się świadomości lub interakcję w podejściach wykraczających poza ograniczenia niepowiązanego wszechświata?

Niektórzy zwolennicy tej koncepcji twierdzą, że samo rozpoznanie może być ważną rzeczą w komunikacji międzytypowej . Jeśli uwaga nie jest zawsze ograniczona przez prawne wytyczne czasu i przestrzeni, ludzie mogą cieszyć się wspólnymi chwilami, umysłem lub spostrzeżeniami w unikalnych równoległych wszechświatach, jakby byli częścią większej, kosmicznej świadomości.

Wiele mistycznych tradycji przekazuje formę zbiorowej uwagi, która wykracza poza realia jednostki. Idea częstych myśli lub kosmicznego skupienia jest dobrze znana w filozofii Wschodu, w której wzajemne powiązanie wszystkich spraw jest postrzegane jako fundamentalny fakt życia. W hinduizmie koncepcja Brahmana sugeruje, że wszystkie dusze charakteru są częścią nieskończonego, uświęconego czasem rozpoznania, które obejmuje czas, obszar i kilka wymiarów. W buddyzmie koncepcja pustki i rozpadu jaźni wskazują na wzajemne powiązanie wszystkich zjawisk.

W kontekście równoległych wszechświatów te religijne idee mogą również oferować soczewkę, przez którą można zobaczyć zdolność do wspólnej świadomości. Jeśli wszystkie rzeczywistości są połączone za pośrednictwem bardziej typowego umysłu, wówczas możliwe, że indywidualne świadomości powinny wykorzystać tę typową dyscyplinę, mając na uwadze wspólne doświadczenia w wielu wszechświatach. Niektóre tradycje religijne sugerują, że oświecenie lub głębokie stany medytacyjne mogą wykraczać poza granice jaźni, osiągając stan, w którym wszystkie istoty są zjednoczone we wspólnej kosmicznej świadomości.

Filozoficznie, idea wspólnego uznania w równoległych wszechświatach dodatkowo zwiększa kluczowe pytania o naturę jaźni i tożsamości. Jeśli uwaga nie jest ograniczona do jednego wszechświata, to co dzieje się z ideą tożsamości charakteru? Czy możemy wirtualnie powiedzieć, że jesteśmy tym samym mężczyzną lub kobietą w kilku rzeczywistościach, czy też jesteśmy tylko jednym modelem siebie pośród niezliczonych innych? To pytanie podważa naszą wiedzę o jaźni i pyta, czy jaźń jest naprawdę odizolowanym, indywidualnym doświadczeniem, czy też częścią bardziej, połączonej całości.

Chociaż idea wspólnego uznania w równoległych wszechświatach jest ekscytująca, pozostaje fantastycznie spekulatywna. Istnieją pełnowymiarowe sytuacje wymagające pogodzenia mechaniki kwantowej z naszym zrozumieniem skupienia. Obecnie nie ma dowodów empirycznych sugerujących, że uwaga może wykraczać poza granice naszego wszechświata lub oddziaływać z równoległymi wszechświatami. Co więcej, nasze obecne informacje o skupieniu są ograniczone i nie zdajemy sobie w pełni sprawy, w jaki sposób powstaje ono z umysłu lub jaka jest jego właściwa natura.

Jedną z najbardziej wymagających sytuacji w eksploracji koncepcji wspólnego uznania w równoległych wszechświatach jest pytanie o wiarę. Ludzie są ograniczeni przez swój aparat sensoryczny i ramy poznawcze. Jak powinniśmy rozumieć lub wchodzić w interakcję z uznaniem, które istnieje w równoległych rzeczywistościach? Gdyby świadomość była z pewnością splątana przez wszechświaty, czy byłoby dla nas wykonalne uzyskanie dostępu do tych równoległych doświadczeń, czy też pozostalibyśmy nieświadomi ich istnienia? Przeszkody ludzkiej percepcji mogą utrudniać, jeśli nie uniemożliwiać, odkrycie lub uchwycenie wspólnej świadomości, która obejmuje więcej niż jeden wszechświat.

Możliwość wspólnego skupienia się w równoległych wszechświatach to ekscytująca i spekulatywna koncepcja, która dotyka prywatnych kwestii życia, identyfikacji i charakteru prawdy. Podczas gdy pozostaje ona tematem teoretycznej eksploracji, przecięcie się mechaniki kwantowej, mistycyzmu i filozofii otwiera drzwi nowym metodom myślenia o rozpoznaniu. To, czy wspólne poznanie jest rzeczywiście możliwe w równoległych wszechświatach, pozostaje niepewne, ale sama idea wymagająca sytuacji podważa nasze postrzeganie tego, jak to jest być świadomym i istnieć w multiwersum.

W miarę jak wiedza technologiczna i duchowość wciąż ewoluują, nasza wiedza na temat uwagi może się również pogłębiać, ujawniając nowe spostrzeżenia na temat sposobów, w jakie jesteśmy powiązani z każdym innym, ze wszechświatem, a być może z równoległymi rzeczywistościami. Do tego czasu koncepcja wspólnej świadomości w równoległych wszechświatach pozostaje jednym z najbardziej fascynujących i głębokich pytań na przecięciu wiedzy technologicznej, filozofii i duchowości.

Fevzi H.

ROZDZIAŁ 8

Czy świadomość może być nieskończona we Wszechświecie?

8.1 Hipotezy o kontynuacji umysłu po śmierci

Pytanie, czy myśli trwają po śmierci, fascynuje ludzką wyobraźnię od tysiącleci. Wiele tradycji duchowych, uczelni filozoficznych, a nawet współczesnych teorii medycznych bada możliwość, że uwaga nie ustąpi wraz z ustaniem funkcji fizycznych.

W zapisach, wiele religii i tradycji religijnych proponowało, że umysł, dusza lub uwaga trwają po śmierci ciała. Te wierzenia regularnie opisują życie pozagrobowe lub podróż duszy, która przekracza granice fizycznego świata.

W chrześcijaństwie postrzeganie wiecznego życia jest istotne dla wiary. Według doktryny chrześcijańskiej, po śmierci dusza albo wstępuje do nieba, albo schodzi do piekła w zależności od ruchów danej osoby w pewnym momencie jej życia. To postrzeganie odzwierciedla koncepcję, że poznanie jest wieczne i nie zawsze ogranicza się do ciała. Podobnie, islam również utrzymuje, że dusza istnieje po śmierci, doświadczając wiecznego życia pozagrobowego chwały lub kary.

Hinduizm przedstawia skomplikowany pogląd na istnienie po śmierci poprzez cykl samsary, niekończący się cykl początku, utraty życia i odrodzenia. W hinduistycznej idei atman (dusza osoby) nie umiera, jednak przechodzi reinkarnację opartą na karmie zebranej na pewnym etapie w życiu pozagrobowym. Pozostałym celem jest uzyskanie mokszy, czyli wyzwolenia, z tego cyklu, gdzie skupienie mężczyzny lub kobiety łączy się z Brahmanem, zwykłym skupieniem.

Podobnie w buddyzmie koncepcja odrodzenia i dążenie do nirwany sugeruje, że świadomość nie jest związana z jednym życiem. Świadomość, podobnie jak dusza w hinduizmie, przekracza upadek, chociaż buddyzm podkreśla nietrwałość i wiecznie zmieniającą się naturę jaźni.

W dżinizmie dusza jest postrzegana jako wieczna i budząca grozę, a po śmierci odbywa swoją podróż zgodnie ze swoimi pozaziemskimi uczynkami, aż osiągnie mokszę.

Te tradycje religijne często postrzegają śmierć nie jako koniec świadomości, ale jako przejście do odrębnego kraju bytu. Ciągłość świadomości po śmierci, jak postuluje wiele z tych struktur, sugeruje, że umysł niekoniecznie zależy od fizycznego mózgu i może mieć bardziej rozległą, transcendentną naturę.

W czasach współczesnych bliskie śmierci relacje (NDE) dostarczyły anegdotycznych dowodów na możliwość kontynuacji świadomości po śmierci. NDE są wygłaszane z pomocą osób, które były klinicznie martwe lub bliskie śmierci, a później ożywione. Typowe zdolności NDE obejmują emocje spokoju, oderwanie od ciała, podróżowanie przez tunel, spotkanie zmarłych bliskich lub istot religijnych oraz poczucie wspólnej miłości lub jedności.

Chociaż NDE są subiektywne i trudne do naukowego rozpatrzenia, wywołały liczne hipotezy dotyczące przetrwania świadomości. Niektórzy zwolennicy idei, że koncentracja przetrwa śmierć, twierdzą, że NDE zalecają, aby świadomość była odrębnym bytem od fizycznego mózgu. Te doniesienia, jak twierdzą, uwzględniają możliwość, że po tym, jak rama przestanie się pojawiać, uwaga może pozostać w sferze niefizycznej.

Zaproponowano kilka teorii mających na celu wyjaśnienie NDE. Zwykle można je podzielić na dwie kategorie: fizjologiczne i metafizyczne.

1. Wyjaśnienia fizjologiczne: Niektórzy naukowcy sugerują, że NDE są wynikiem aktywności mózgu w czasie nadmiernego napięcia lub sytuacji bliskich śmierci. Na przykład niedotlenienie mózgu, wydzielanie endorfin lub inne metody neurochemiczne mogą również powodować błyskotliwe doświadczenia wymienione przez osoby, które przeżyły NDE. Umysł, pod presją, może tworzyć te odczucia jako mechanizm obronny lub jako część metody śmierci.

2. Wyjaśnienia metafizyczne: Z drugiej strony, zwolennicy dualizmu lub transcendentalnych perspektyw rozpoznania sugerują, że NDE będą dowodem na myśli lub duszę, która istnieje niezależnie od ramy. Zgodnie z tym

pogladem myśli powinny żyć dalej po śmierci ciała fizycznego, prezentując jednostce studia nad życiem pozagrobowym.

Pomimo kontrowersji między tymi poglądami , doświadczenia bliskie śmierci wciąż wywołują dyskusje na temat możliwości przeżycia śmierci, oferując intrygujące, choć niejednoznaczne, spostrzeżenia na temat potencjału myśli do przetrwania poza sferą cielesną.

W obszarze mechaniki kwantowej niektórzy teoretycy zaproponowali, że wytyczne prawne fizyki mogą umożliwiać przetrwanie świadomości po śmierci. Jednym z wybitnych pomysłów jest świadomość kwantowa, która pokazuje, że uwaga jest zjawiskiem kwantowym, prawdopodobnie zakorzenionym w zachowaniu subatomowych szczątków, takich jak kubity w komputerach kwantowych. Zgodnie z tym poglądem, świadomość nie jest jedynie wytworem klasycznego fizycznego mózgu, ale jako alternatywa wynika z procedur kwantowych, które mogłyby, w teorii, trwać nawet po śmierci ciała.

Jedną z koncepcji, która zyskała zainteresowanie, jest zasada Orchestrated Objective Reduction (Orch-OR), zaproponowana przez Rogera Penrose'a i Stuarta Hameroffa. Zgodnie z tą koncepcją, uwaga powstaje z obliczeń kwantowych, które mają miejsce wewnątrz mikrotubul neuronów. Penrose i Hameroff twierdzą, że te procedury kwantowe mogłyby niewątpliwie przetrwać, aby opowiedzieć historię upadku umysłu i mogłyby, w teorii, pozostać poza ramami ciała, prawdopodobnie nawet powracając do wszechświata w jakiejś innej formie.

Inną spekulacją kwantową związaną z życiem pozagrobowym jest Interpretacja Wielu Światów (MWI) mechaniki kwantowej. W tej teorii każdy możliwy wynik zdarzenia kwantowego ma miejsce w równoległym wszechświecie. Jeśli skupienie jest powiązane z metodami kwantowymi, MWI pokazuje, że po śmierci postaci w jednym wszechświecie jej rozpoznanie może również „rozpaść się" lub „oddzielić" w zmieniony model faktu. Oznacza to, że rozpoznanie może chcieć utrzymać się w kilku równoległych wszechświatach, skutecznie „przeżywając" śmierć osoby w jednej rzeczywistości.

Choć te hipotezy kwantowe pozostają spekulacjami i napotykają wiele trudności w zakresie empirycznej weryfikacji, oferują interesujące ramy, w których można przypomnieć ciągłość rozpoznawania po stracie życia, wykraczającą poza ograniczenia fizyki klasycznej.

Pytanie, czy świadomość utrzymuje się po śmierci, również zwiększa głębokie kwestie filozoficzne i moralne. Filozofowie od dawna debatują nad charakterem skupienia, jaźni i duszy oraz nad tym, czy są one jedynie produktem umysłu, czy czymś więcej. Niektórzy materialiści twierdzą, że świadomość jest całkowicie zależna od mózgu i ustaje, gdy ciało umiera. W ocenie dualiści i idealiści twierdzą, że świadomość jest bytem niematerialnym, potencjalnie zdolnym do przetrwania fizycznej śmierci ciała.

Kontynuacja uwagi po śmierci dodatkowo podnosi kwestie etyczne dotyczące natury życia i śmierci życia. Jeśli uwaga jest w stanie trwać poza ramą, co to oznacza w przybliżeniu dla sensu życia i charakteru ludzkiej egzystencji? Czy przetrwanie świadomości doradza wrodzony motyw stylów życia, czy też ryzykuje samą wiarę w śmiertelność? Te pytania mają wpływ nie tylko na to, jak podchodzimy do istnienia i śmierci, ale także na to, jak rozumiemy tożsamość, moralność i nasz region we wszechświecie.

Pomimo tysiącleci spekulacji, badań medycznych i dociekań filozoficznych, pytanie, czy koncentracja trwa po śmierci, pozostaje bez odpowiedzi. Podczas gdy wierzenia religijne i duchowe oferują pocieszające ramy dla wielu, recenzje bliskich śmierci, teorie kwantowe i dyskusje filozoficzne oferują alternatywne perspektywy potencjalnej mocy umysłu po ciele fizycznym.

Ostatecznie możliwość kontynuacji skupienia po śmierci zmusza nas do zmierzenia się z najgłębszymi tajemnicami istnienia i przemyślenia, co oznacza bycie świadomym. Czy myśli są naprawdę wieczne, czy mogą przetrwać fizyczną śmierć i czy istnieją poza ograniczeniami czasu i przestrzeni, to pytania, które podważają naszą wiedzę o prawdzie i samej naturze istnienia. Dopóki wiedza technologiczna nie rozwiąże ostatecznie tych pytań, wytrzymałość uwagi pozostaje z pewnością jedną z najgłębszych i najbardziej zagadkowych tajemnic ludzkości.

8.2 Reinkarnacja, transfer świadomości i połączenia multiwersalne

Pomysły reinkarnacji, przełączania świadomości i połączeń multiwersum badają możliwość, że uwaga może wykraczać poza żywoty postaci, podróżować między odrębnymi geograficznymi regionami istnienia, a nawet istnieć w równoległych wszechświatach. Te myśli zapuszczają się w konwencjonalne poglądy na temat siebie i życia pozagrobowego, prezentując prawdę, w której umysł nie jest pewny granic niezamężnej ramy lub być może niezamężnego wszechświata.

Reinkarnacja to pojęcie, że po śmierci dusza lub świadomość nie przestaje istnieć, ale odradza się w zupełnie nowej formie, kontynuując swoją przygodę przez wyjątkowe życia. Ta idea jest niezbędna dla kilku religii Wschodu, w tym hinduizmu, buddyzmu i dżinizmu, w których cykl śmierci i odrodzenia jest postrzegany jako ścieżka do duchowego oświecenia i wyzwolenia.

W hinduizmie reinkarnacja jest związana z koncepcją samsary, niezliczonego cyklu narodzin, śmierci i odrodzenia, rządzonego poprzez regulację karmy. Zgodnie z tą percepcją, działania, myśli i czyny mężczyzny lub kobiety w jednym stylu życia determinują okoliczności w ich życiu przeznaczenia. Dusza (lub atman) przechodzi przez wiele wcieleń, aż osiągnie mokszę, czyli wyzwolenie z cyklu samsary, w którym dusza charakteru łączy się z Brahmanem (dobrze znanym rozpoznaniem).

Buddyzm podziela podobne przekonanie o reinkarnacji, chociaż nie zakłada już istnienia wiecznej duszy. Zamiast tego buddyzm naucza doktryny anatman (braku jaźni), gdzie cykl odrodzenia jest napędzany przez ciągłość skupienia, ale bez stałej, niezmiennej duszy. W filozofii buddyjskiej samsara jest postrzegana jako cykl zmagań, a celem jest wyrwanie się z tego cyklu i osiągnięcie nirwany, kraju ustania cierpienia i zatrzymania sposobu odrodzenia.

Podczas gdy dżinizm dodatkowo naucza reinkarnacji i kontynuacji duszy, podkreśla znaczenie ahimsy (niestosowania przemocy) i dążenia do mokszy poprzez oczyszczenie duszy. Dusza, w pojęciu dżinizmu, jest wieczna i opisuje serię reinkarnacji, aż do osiągnięcia wyzwolenia.

W świecie zachodnim idea reinkarnacji została w dużej mierze przyćmiona przez religie monoteistyczne, w tym chrześcijaństwo i islam, które podkreślają wieczne istnienie w niebie lub piekle. Jednak w obecnym pokoleniu reinkarnacja zyskała odnowione hobby, w szczególności poprzez pisma teozofii i różne ruchy New Age, które ponownie wprowadziły koncepcję wytrwałej podróży duszy po śmierci. Wybitne postacie, takie jak Edgar Cayce i Raymond Moody, którzy badali przeglądy bliskich śmierci i regresję poza istnieniem, przyczyniły się do popularyzacji reinkarnacji jako idei wykraczającej poza duchową percepcję, co sugeruje, że może być to prawdziwe zjawisko.

Z systematycznego punktu widzenia koncepcja reinkarnacji spotyka się ze sceptycyzmem. Jednak badania wspomnień z poprzednich wcieleń — zwłaszcza poprzez prace dr. Iana Stevensona i jego obserwacje młodych ludzi, którzy twierdzą, że nie zapominają o kolejnych wcieleniach — dostarczyły kilku interesujących, choć anegdotycznych dowodów na to, że reinkarnacja nie będzie wyłącznie mitem. Stevenson udokumentował tysiące przypadków, w których młodzi ludzie stwierdzili błyszczące wspomnienia z poprzednich wcieleń, które można by potwierdzić, sugerując, że w wierze w reinkarnację może być coś więcej, niż konwencjonalna technologia może wyjaśnić.

Przeniesienie świadomości, czyli idea importowania myśli, to współczesna hipoteza, która zyskała popularność w dziedzinie sztucznej inteligencji (AI) i neuronauki. Koncepcja ta polega na przeniesieniu rozpoznania osoby z jej organicznego umysłu do postaci cyfrowej lub mechanicznej, co w zasadzie nadaje jej postać cyfrowej nieśmiertelności.

Jednym z podejść numer jeden, w którym przewiduje się przeniesienie uwagi, jest sposób przesyłania myśli. Może to obejmować skanowanie mózgu w wyjątkowym elemencie w celu zmapowania wszystkich jego synaps, ścieżek neuronowych i połączeń, a następnie odtworzenie tych danych w laptopie lub sztucznym ciele. Po skutecznym przesłaniu świadomość osoby — w połączeniu z jej wspomnieniami, osobowością i samoświadomością — mogłaby teoretycznie nadal istnieć, choć w formie nieorganicznej.

Przesyłanie umysłu opiera się przede wszystkim na idei, że świadomość powstaje ze skomplikowanych interakcji neuronów umysłu i jest w związku z tym prawdopodobnie przenoszona na inne substraty. Ray Kurzweil, czołowy ekspert od osobliwości i sztucznej inteligencji, twierdzi, że postęp technologiczny w końcu pozwoli na stworzenie cyfrowej wersji siebie, co doprowadzi do możliwości wiecznego życia poprzez utrzymanie świadomości w systemie.

Jednakże importowanie umysłu rodzi ogromne pytania etyczne i filozoficzne. Czy cyfrowa wersja kogoś jest rzeczywiście podobna do biologicznej? Czy przeniesienie umysłu spowoduje kontynuację rozkoszy postaci, czy też po prostu stworzy replikę świadomości jednostki, pozostawiając autentyczne ja na śmierć? Te pytania podważają naszą wiedzę na temat tożsamości, jaźni i charakteru samego skupienia.

Z punktu widzenia neurobiologii, koncepcja transferu uwagi nie jest pozbawiona wymagających sytuacji. Podczas gdy rozwijają się dowody na to, że poznanie jest głęboko powiązane z kształtem i funkcją mózgu, naukowcy nie zaczęli jeszcze w pełni rozumieć, w jaki sposób umysł generuje subiektywne doświadczenie. Złożone interakcje neuronów i obszarów umysłu, które przyczyniają się do świadomości, nie są bez trudu powielane lub rozumiane, co sprawia, że przesyłanie myśli jest wyjątkowo spekulatywną i odległą okazją. Ponadto, nawet gdyby przesyłanie umysłu było wykonalne, czy byłoby wykonalne zachowanie ciągłości doświadczenia, czy też rozpoznanie jednostki mogłoby zostać „odłączone" od jej dawnego „ja"?

Koncepcja multiwersum wskazuje, że istnieje więcej niż jeden, niewątpliwie niezliczony, wszechświat równoległy, który współistnieje z naszym. Każdy z tych wszechświatów może mieć unikalne prawa cielesne, linie czasu i rzeczywistości. Hipoteza multiwersum wzbudziła duże zainteresowanie zarówno w fizyce kwantowej, jak i kosmologii, przy czym kilka modeli zapewnia istnienie światów równoległych, w tym interpretacja wielu światów (MWI) mechaniki kwantowej i idea wszechświatów bąbelkowych w teorii inflacji kosmicznej.

Jeśli koncepcja multiwersum jest prawdziwa, pojawia się pytanie: czy uwaga mogłaby istnieć lub podróżować między tymi równoległymi wszechświatami? Niektórzy zwolennicy zasady multiwersum, szczególnie ci stymulowani przez mechanikę kwantową, sugerują , że uwaga może nie być ograniczona do jednego wszechświata lub osi czasu. Zamiast tego może potencjalnie przesuwać się lub dzielić w unikalnych równoległych rzeczywistościach, mając na uwadze historie w wielu wymiarach jednocześnie. Ta idea pokazuje, że uwaga może być nie-bliska i zdolna do aktualności w różnych wszechświatach, z których każdy zapewnia swój własny, specyficzny model życia danej osoby.

Jedną z możliwości w ramach tych ram jest koncepcja multiwersalnej reinkarnacji, w której skupienie mężczyzny lub kobiety mogłoby nadal istnieć w więcej niż jednym równoległym świecie, doświadczając odrębnych zmian w swoim stylu życia. Jeśli każda decyzja lub wydarzenie we wszechświecie skutkuje stworzeniem kilku rozgałęzionych rzeczywistości (jak ostrzega interpretacja wielu światów), wówczas świadomość może chcieć przetrwać przez te dwie linie czasowe, prawdopodobnie doświadczając nieskończonych zmian jaźni.

Z filozoficznego punktu widzenia, wiara w połączenia multiwersum i skupienie się na wymiarach zwiększa ekscytujące pytania o naturę tożsamości i życia. Jeśli świadomość może istnieć w wielu równoległych światach, czy to oznacza, że istnieją nieskończone odmiany osoby, każda z określonymi doświadczeniami i cechami? Czy te różne wersje jaźni byłyby świadome siebie nawzajem, czy też każde skupienie istniałoby w izolacji od pozostałych?

Eksploracja reinkarnacji, przełączania uwagi i połączeń multiwersum otwiera nowe, wspaniałe możliwości poznania charakteru jaźni i ciągłości poznania. Czy to poprzez religijną koncepcję reinkarnacji, futurystyczną percepcję przesyłania umysłu, czy też spekulatywne połączenia między równoległymi wszechświatami, te standardy przypisują nasze tradycyjne pojęcia życia, śmierci i identyfikacji.

Podczas gdy dowody naukowe na te myśli pozostają ograniczone, wywierają one na nas presję, byśmy zmierzyli się z głębokimi pytaniami o granice skupienia, jego związek z fizycznym globalnym i jego potencjał wykraczania poza ograniczenia obszaru, czasu, a nawet ramy cielesnej. Niezależnie od tego, czy te hipotezy zostaną kiedykolwiek potwierdzone, czy też nadal będą spekulatywne, dają one czarujący wgląd w znaczny i tajemniczy potencjał ludzkiego umysłu i jego umiejscowienie w szerszej strukturze faktów.

8.3 Nauka o umyśle i nieśmiertelność: Czy możemy cyfrowo przenieść świadomość?

Koncepcja przeniesienia ludzkiej uwagi bezpośrednio do formatu cyfrowego — co pozwoliłoby na osiągnięcie pewnej formy nieśmiertelności — od dawna jest przedmiotem spekulacji, łączących w sobie wiedzę technologiczną państw umysłowych, sztuczną inteligencję i neuronaukę.

Zanim zagłębimy się w technologiczne możliwości przełączania poznania, ważne jest, aby powrócić do fundamentalnego problemu filozoficznego zwanego problemem ram myśli. To pytanie, sięgające prac René Descartesa, obraca się wokół zalotów między umysłem (lub świadomością) a ciałem fizycznym. Słynne powiedzenie Descartesa, „Cogito, ergo sum" („Przypuszczam, więc jestem"), doradzało, że świadomość jest zasadniczo niezależna od ramy, niematerialnej istoty. Jednak pogląd materialistyczny utrzymuje, że rozpoznanie powstaje całkowicie z cielesnych procedur w umyśle.

Ta dychotomia jest zasadnicza dla pytania, czy uwagę można zdigitalizować. Jeśli świadomość jest rzeczywiście oddzielona od umysłu cielesnego, jak proponował Kartezjusz, może być wykonalne przełączenie jej na inne medium, takie jak komputer. Z drugiej strony, jeśli rozpoznanie jest wyłącznie wynikiem fizycznej aktywności neuronowej, to powielenie lub przeniesienie jej cyfrowo może wymagać zaskakująco dokładnej symulacji wszystkich podejść neuronowych, wraz z problematycznymi interakcjami neuroprzekaźników, synaps i obwodów umysłowych.

Filozofia myśli jest nadal przedmiotem debaty, a teorie takie jak dualizm, materializm i panpsychizm próbują wyjaśnić naturę rozpoznania. Niezależnie od modelu teoretycznego, koncepcja przeniesienia umysłu wprost do przestrzeni wirtualnej wymaga od nas zmierzenia się z fundamentalną naturą jaźni i ciągłością prywatnej identyfikacji.

Koncepcja cyfrowej nieśmiertelności poprzez przełączenie uwagi pociąga za sobą „importowanie" zawartości ludzkiego umysłu bezpośrednio do gadżetu. Obejmuje to mapowanie rozbudowanej społeczności neuronów mózgu i połączeń synaptycznych, które przechowują statystyki i rządzą poznaniem, emocjami i pamięcią. Po zarejestrowaniu tych informacji można je przenieść do laptopa , który jest w stanie symulować możliwości mózgu. Zwolennicy tej idei regularnie mówią o tej metodzie jako o przesyłaniu myśli lub emulacji całego umysłu (WBE).

Era, w której można osiągnąć import umysłu, teoretycznie wymagałaby skanowania mózgu na poziomie niemal mikroskopowym, często określanym jako konektomika. Wiązałoby się to ze stworzeniem szczegółowej mapy każdego połączenia neuronowego w mózgu, zasadniczo zachowując pełną architekturę myśli. Po zeskanowaniu, te zapisy mogłyby zostać przesłane do komputera zdolnego odtworzyć funkcjonalność umysłu — emocje, myśli, wspomnienia i rozwój charakteru — wszystko w środowisku cyfrowym.

Jedną z wybitnych postaci opowiadających się za przesyłaniem myśli jest Ray Kurzweil, który sugeruje, że może to być możliwe w ciągu najbliższych kilku lat dzięki postępom w nanotechnologii i neuronauce. Twierdzi, że w miarę jak zwiększamy naszą zdolność do mapowania i rozpoznawania umysłu, możliwość przeniesienia uwagi na niebiologiczne podłoże staje się coraz bardziej realistyczna. Pomysł Kurzweila na osobliwość technologiczną przewiduje przeznaczenie, w którym ludzkie umysły, uwolnione od ograniczeń biologicznych ciał, są przesyłane do maszyn, prezentując zdolność nieśmiertelności.

Inny zwolennik, Hans Moravec, wysunął teorię, że przesyłanie myśli będzie wykonalne, gdy tylko rozszerzymy możliwość symulowania procesów neuronowych umysłu w komputerze. Według Moraveca umysł może być „emulowany" w formacie cyfrowym, zachowując charakter, umysł i opinie mężczyzny lub kobiety w sposób przypominający autentyczną organiczną uwagę.

Z punktu widzenia neurobiologii przesyłanie myśli staje w obliczu bardzo wymagających sytuacji. Mózg jest wyjątkowo złożonym organem, zawierającym około 86 miliardów neuronów, z których każdy może kształtować wiele połączeń synaptycznych z różnymi neuronami. Aby odtworzyć tę złożoność cyfrowo, może być potrzebny dystans większy niż po prostu mapowanie struktury umysłu; wymagałoby to dogłębnej wiedzy na temat tego, jak wskaźniki elektryczne i chemiczne mózgu oddziałują na siebie, aby dostarczać świadomość.

Jedną z najbardziej wymagających sytuacji jest uchwycenie dynamicznej natury umysłu. Neurony nie są statycznymi bytami; mówią za pomocą chemicznych i elektrycznych alertów, a te interakcje są odpowiedzialne za umysł, uczucia i percepcje. Samo skopiowanie statycznego kształtu umysłu może nie uchwycić całkowicie bieżących podejść, które dostarczają impulsu w górę do subiektywnego rozkoszowania się. Plastyczność synaptyczna, zdolność umysłu do handlu i adaptacji, odgrywa kluczową rolę w opanowaniu i zapamiętywaniu, i nie jest pewne, czy można to odtworzyć w wirtualnym medium.

Ponadto koncepcja qualia — subiektywnej wielkości badań — stwarza problem dla przełączania świadomości cyfrowej. Nawet jeśli kształt i charakterystyka mózgu byłyby idealnie emulowane w gadżecie, czy nie odtworzyłoby to w rzeczywistości świadomego rozkoszowania się byciem człowiekiem? Niektórzy filozofowie, w tym David Chalmers, twierdzą, że qualia nie mogą być całkowicie powielone przez system, bez względu na to, jak doskonała jest symulacja.

Zakładając, że przesyłanie umysłu było technologicznie możliwe, pojawia się istotne pytanie etyczne i tożsamościowe. Jeśli umysł osoby można przenieść do postaci cyfrowej, czy powstały byt mógłby być identyczną osobą, czy też repliką? To pytanie dotyka filozoficznego problemu tożsamości prywatnej: co sprawia, że jesteśmy tym samym mężczyzną lub tą samą kobietą na przestrzeni lat?

John Searle, wybitny logik, twierdził, że pomimo istnienia wirtualnej repliki umysłu, nie byłaby ona już taka sama jak autentyczna postać. Słynny argument Searle'a o chińskim pokoju wskazuje, że laptop może być zdolny do symulowania informacji, ale nie „cieszy się" areną w sposób, w jaki robią to ludzie. Podobnie umysł przesłany do formatu wirtualnego może symulować świadomość, ale może mu brakować subiektywnego odczuwania oryginalnych biologicznych myśli.

Ponadto etyczne implikacje przesyłania umysłu są głębokie. Gdyby ludzie mogli przesyłać swoją świadomość, jak społeczeństwo by się wymieniało? Czy tylko bogaci uzyskaliby dostęp do wirtualnej nieśmiertelności, tworząc głęboki podział społeczny? Co by to oznaczało dla relacji międzyludzkich, w których pojęcie śmierci i straty jest kluczowe dla ludzkiego doświadczenia?

Wirtualna nieśmiertelność zapewniana za pomocą przesyłania myśli może niewątpliwie skutkować odczłowieczeniem społeczeństwa, w którym ludzkie style życia nie są postrzegane jako święte lub skończone, ale raczej jako sposób, który można przedłużać w nieskończoność za pomocą technologii. To zwiększa pytania o to, czy koszt istnienia jest związany z jego krótkością i nietrwałością, czy też ludzkość może zachować ewolucję, gdy upadek nie jest nieunikniony.

Koncepcja cyfrowej nieśmiertelności jest z pewnością fascynująca, jednak czy stanowi ona właściwą nieśmiertelność, jest kwestią otwartą. Jeśli myśl zostanie przesłana do gadżetu, czy zachowa ona skupienie oryginalnej osoby, czy też stanie się kopią? Ciągłość jaźni jest istotnym problemem w filozofii myśli i nie jest jasne, czy cyfrowa kopia mogłaby zachować to samo poczucie identyfikacji co osoba przed importem.

Co więcej, sama idea nieśmiertelności jest obarczona pytaniami filozoficznymi. Czy życie wieczne, nawet w formie cyfrowej, byłoby praktycznie idealne? Wiele tradycji filozoficznych, w tym egzystencjalizm, sugeruje, że czasowość istnienia oferuje mu ten sens, a nieśmiertelność może pozbawić życie jego kosztu. Dążenie do nieśmiertelności może nie tylko powodować nieoczekiwane skutki społeczne, ale może również radykalnie zmienić ludzką przyjemność w podejścia, których trudno się spodziewać.

Podczas gdy technologiczna obietnica przesyłania myśli i wirtualnej nieśmiertelności zwiększa ekscytujące możliwości, nadal istnieją duże granice. Naukowe, wymagające sytuacje związane z replikacją funkcji mózgu oraz filozoficzne pytania dotyczące osobistej identyfikacji i subiektywnego doświadczenia sprawiają, że pytanie, czy świadomość może zostać przeniesiona bezpośrednio do medium cyfrowego, pozostaje otwarte.

Niemniej jednak eksploracja tych standardów skłania nas do zastanowienia się nad tym, czym właściwie jest bycie człowiekiem, charakterem poznania i potencjałem rozszerzania granic stylów życia i rozkoszowania się czymś więcej niż tylko organicznym ciałem. W miarę jak pokolenie rośnie, granica między tym, co cielesne, a tym, co cyfrowe, staje się coraz bardziej niewyraźna, a idea wirtualnej nieśmiertelności może pewnego dnia stać się bliższa rzeczywistości — chociaż pozostaje niewiadome, czy zaoferuje prawdziwą nieśmiertelność, czy też jedynie wirtualną symulację samego siebie.

8.4 Świadomość i ponadczasowość: Czy nasze myśli są ograniczone czasem?

Zaloty między świadomością a czasem są jednym z najgłębszych i najbardziej zagadkowych elementów ludzkiej przyjemności. Regularnie postrzegamy upływ czasu jako nieunikniony i liniowy sposób — chwile umykające, jedna po drugiej. Jednak gdy zagłębiamy się w naturę poznania, natrafiamy na przekonujące pytanie: czy nasza świadomość czasu jest fundamentalnym składnikiem naszych umysłów, czy też poznanie może wykraczać poza czas?

Nasze normalne rozkoszowanie się czasem wydaje się proste — minuty stają się godzinami, a godziny dniami. Jednak sposób, w jaki rozkoszujemy się czasem, jest subiektywny i płynny. Czas często wydaje się przyspieszać lub zwalniać w zależności od zainteresowań, którymi jesteśmy zaangażowani lub stanów emocjonalnych, których doświadczamy. Fenomenologia czasu wiąże się ze sposobem, w jaki czas jest postrzegany za pomocą świadomego umysłu i sposobem, w jaki jest on powiązany z naszym umysłem, wspomnieniami i działaniami.

Percepcja czasu w umyśle jest podatna na zmiany. Na przykład, w chwilach skrajnej świadomości lub podążania za nurtem (wraz z momentami, gdy jesteśmy całkowicie pochłonięci hobby), czas może wydawać się przyspieszać, nawet gdy w pewnych momentach nudy lub napięcia, może się wydawać, że czas się wlecze. Ta rozbieżność między czasem zegarowym a czasem doświadczanym wzmaga interesujące pytania o to, czy nasza świadomość jest z natury pewna poprzez czas, czy też postrzegamy ją jedynie przez subiektywny pryzmat.

Filozofowie tacy jak Henri Bergson twierdzili, że punkt nie jest błahym zewnętrznym rozmiarem, ale jest doświadczany i internalizowany poprzez rozpoznanie. Bergsonowska koncepcja los angeles durée (długości) pokazuje, że punkt, w którym się rozkoszujemy, nie zawsze jest sztywnym, liniowym rozwojem, ale płynną, naturalną techniką, która jest ściśle związana z naszym subiektywnym poznaniem. Ten pogląd kontrastuje z bardziej mechanistycznym poglądem na czas jako bezstronną, zewnętrzną siłę, która rządzi wszystkim we wszechświecie.

Jednym z podstawowych pytań dotyczących natury świadomości jest to, czy jest ona z natury czasowa. Jesteśmy świadomi przeszłości, teraźniejszości i przyszłości, jednak ta świadomość opiera się całkowicie na naszym potencjale do zrozumienia dryfu czasu. Gdyby czas nie był teraz nieodłączną częścią naszego doświadczenia, czy poznanie mogłoby nadal istnieć w ten sam sposób?

Badania w dziedzinie neuronauki pokazują, że nasz umysł przetwarza czas na wiele sposobów. Różne obszary umysłu odpowiadają za kodowanie i radzenie sobie z informacjami czasowymi. Na przykład kora przedczołowa odgrywa kluczową rolę w zarządzaniu długoterminowymi planami i myślami zorientowanymi na przeznaczenie, podczas gdy hipokamp jest zaangażowany w kodowanie i wyszukiwanie wspomnień, dając nam doświadczenie przeszłości. Móżdżek i jądra podstawy pomagają nam zachować wewnętrzne poczucie czasu, umożliwiając nam koordynowanie ruchu i wiary w czasie rzeczywistym.

Jednak podczas gdy te obszary umysłu pomagają nam rozkoszować się czasem, pokazują również, że czas nie jest naprawdę biernym tłem, na którym działa nasz umysł. Nasza świadomość może również rozwinąć się, aby przetwarzać i dostosowywać się do czasu, co sugeruje, że nasze myśli, działania i decyzje są zasadniczo połączone z postrzeganiem czasu. Ale co się dzieje, gdy przyjemność z czasu jest zmieniona lub wyeliminowana z naszej świadomości?

W całej historii wiele tradycji filozoficznych i duchowych proponowało, że uwaga może dodatkowo wykraczać poza czas. Filozofie wschodnie, takie jak buddyzm i hinduizm, regularnie mówią o stanach bezczasowości, które wykraczają poza zwykłe relacje o czasie. Te stany świadomości są definiowane jako nirwana lub samadhi, gdzie charakter jaźni ma łączyć się z nieograniczonym, wykraczając poza ograniczenia czasu i przestrzeni.

W dziedzinie fizyki teoretycznej natura czasu była przedmiotem surowej kontroli. Zasada względności Einsteina zrewolucjonizowała nasze rozumienie czasu, pokazując, że nie jest on absolutnym, niezmiennym bytem, ale jest względny, polegając na ruchu obserwatora i polach grawitacyjnych, w których się znajduje. Zgodnie z teorią względności czas zwalnia w obecności silnej grawitacji lub podczas przesuwania się z prędkością zbliżoną do prędkości światła. Oznacza to, że punkt, w sensie fizycznym, jest podatny na zmiany i zależny od warunków zewnętrznych.

Koncepcja bezczasowości została również zbadana w fizyce kwantowej. W globalnej kwantowej , cząstki mogą istnieć w superpozycji, będąc w kilku stanach jednocześnie, i mogą bezzwłocznie oddziaływać na siebie nawzajem na znaczne odległości, rzucając wyzwanie tradycyjnej wiedzy o czasie. Splątanie kwantowe sugeruje, że czas, taki, jaki go rozumiemy, nie będzie dotyczył wszystkich zjawisk we wszechświecie. Niektórzy fizycy zaproponowali, że na podstawowym poziomie, czas może nawet nie istnieć jako odrębna wielkość, ale powinien być raczej wyłaniającą się własnością wszechświata, która powstaje z oddziaływań szczątków i pól.

Jedną z najciekawszych myśli w tym kontekście jest idea wszechświata blokowego, w którym przeszłość, dar i przyszłość istnieją jednocześnie, jak zdefiniowano w teorii czasu eternalizmu. W tym ujęciu czas nie jest płynącą rzeką, lecz stałym i niezmiennym blokiem, w którym wszystkie momenty w czasie są równie aktualne. Jeśli ta idea jest prawdziwa, zwiększa to szansę, że nasze doświadczenie czasu — nasza świadomość panującej chwili — będzie iluzją, a myśli prawdopodobnie będą w stanie uzyskać dostęp do narodu bezczasowości, postrzegając wszystkie momenty jako aktualne jednocześnie.

Biorąc pod uwagę, że czas może być bardziej elastyczny i subiektywny, niż zazwyczaj zakładamy, pojawia się pytanie: czy poznanie może naprawdę doświadczyć kraju bezczasowości? Jeśli czas jest konstrukcją naszych umysłów, czy możemy nauczyć naszą świadomość istnienia poza jej tradycyjnymi granicami?

Medytacja i inne praktyki kontemplacyjne od dawna są używane jako narzędzia do odkrywania odmiennych stanów świadomości. Wielu praktykujących zapisuje badania nad ponadczasowością podczas głębokiej medytacji, w której poczucie siebie i czasu wydaje się zanikać, pozostawiając jedynie istniejącą sekundę. W tych stanach różnica między przeszłością, teraźniejszością i przeznaczeniem wydaje się rozpuszczać, a jednostki mogą cieszyć się głębokim poczuciem jedności ze wszechświatem.

Ponadto badania neurologiczne nad zmienionymi stanami uwagi, w tym tymi wywołanymi przez materiały psychodeliczne, udowodniły, że standardowe przetwarzanie czasu przez umysł może zostać drastycznie zmienione. Niektórzy użytkownicy odnotowują doświadczanie czasu jako nieliniowego lub zamrożonego, w którym przeszłość i przyszłość zdają się łączyć z teraźniejszością, a zwykły dryf czasu przestaje zachowywać znaczenie.

Jednak nawet jeśli te badania mogą oferować krótkie spojrzenia na możliwość bezczasowości, nie jest jasne, czy skupienie może całkowicie wykraczać poza czas. Mechanizmy takich stanów pozostają słabo poznane, a to, czy stanowią one prawdziwe oderwanie się od czasu, czy też zniekształcenie naszej percepcji czasowej, pozostaje przedmiotem debaty.

Podsumowując, w tym samym czasie, gdy czas niewątpliwie kształtuje nasze codzienne przyjemności i wpływa na nasz umysł, wspomnienia i działania, istnieją wskaźniki, że świadomość może być w stanie przekroczyć swoje powszechne ograniczenia. Niezależnie od tego, czy poprzez odmienne stany medytacji, czy dziwaczne możliwości sugerowane za pomocą fizyki teoretycznej, koncepcja, że świadomość może być uwolniona od czasu, podnosi głębokie pytania dotyczące charakteru stylów życia i samych myśli.

Ostatecznie pytanie pozostaje, czy czas jest istotną rzeczą świadomości, czy też jest jedynie zgromadzeniem — urządzeniem, którego myśli używają do nawigacji po swoim świecie. Chociaż nie jest jasne, czy kiedykolwiek będziemy mogli zebrać trwałe królestwo ponadczasowej uwagi, eksploracja tej idei nadal podejmuje naszą istotną wiedzę o rzeczywistości.

8.5 Filozoficzne i naukowe debaty na temat wieczności świadomości

Idea wiecznego skupienia od setek lat fascynuje umysły filozofów, naukowców i myślicieli religijnych. Pojęcie, że poznanie może przekraczać ograniczenia fizycznych ram i trwać w nieskończoność — niezależnie od tego, czy po śmierci, poprzez reinkarnację czy w jakiejś innej formie — jest zarówno starożytnym, jak i współczesnym tematem fascynacji. Chociaż pytanie to obejmuje wiele dziedzin, pozostaje w dużej mierze nierozwiązane, a konkurujące ze sobą argumenty pochodzą zarówno z perspektywy filozoficznej, jak i klinicznej.

Idea wiecznego poznania jest ściśle powiązana z filozoficzną ideą duszy — niematerialnej istoty, która według wielu przetrwa śmierć ramy. Starożytne tradycje, w tym platońska koncepcja duszy i chrześcijańska wiara w wieczne życie pozagrobowe, zalecają, aby poznanie mogło nadal istnieć poza światem cielesnym. Dla Platona dusza stała się wiecznym, niezniszczalnym bytem, który istniał przed początkiem i po śmierci, łącząc istoty ludzkie z bardziej kosmicznym porządkiem. Twierdził, że nieśmiertelność duszy stała się niezbędna do zrozumienia zarówno natury poznania, jak i samego wszechświata.

Natomiast Arystoteles przedstawił bardziej materialistyczny pogląd, sugerując, że uwaga jest związana z fizyczną ramą i przestaje istnieć po śmierci. Pogląd ten jest istotny dla empirycznego stylu życia filozofii, która kładzie nacisk na obserwowalny, fizyczny fakt ponad metafizycznymi lub religijnymi troskami. Dla Arystotelesa koncepcja wiecznego skupienia stała się bardziej mitycznym zgromadzeniem niż osiągalnym faktem.

W dodatkowej bieżącej dziedzinie filozoficznej dualizm i materializm pozostają dwoma krytycznymi, przeciwstawnymi punktami widzenia dotyczącymi natury poznania. René Descartes opowiadał się za dualizmem, zakładając, że umysł i ciało są oddzielnymi bytami, przy czym umysł lub dusza są obecne niezależnie od fizycznego mózgu. Ta idea utorowała drogę wierze w życie po śmierci, gdzie poznanie trwa po ustaniu funkcji cielesnych. Jednak filozofowie materialistyczni, tacy jak Daniel Dennett, twierdzą, że świadomość powstaje ze skomplikowanych metod umysłu i jest nierozerwalnie związana z funkcjonowaniem układu lękowego. Dla tych myślicieli, gdy tylko mózg przestaje działać, przestaje działać również uwaga.

Debata filozoficzna dotycząca wieczności świadomości regularnie koncentruje się na naturze jaźni i na tym, czy jest ona w stanie przetrwać poza ramą. Czy jesteśmy naszym umysłem, wspomnieniami i emocjami? Jeśli tak, czy te czynniki mogą istnieć niezależnie po śmierci, czy też poznanie jest wytworem naszych fizycznych ciał, które kończy się, gdy przestają być obecne?

Z naukowego punktu widzenia, kwestia wiecznej świadomości jest związana z badaniem mózgu i jego roli w kształtowaniu poznania. Zgodnie z neuronaukowym poglądem, świadomość jest produktem złożonych sieci neuronowych i procesów biochemicznych w umyśle. Jako taki, gdy mózg przestaje funkcjonować — czy to z powodu uszkodzenia, choroby lub śmierci — uznaje się, że poznanie również się zatrzymuje.

Jednym z najbardziej przekonujących argumentów na rzecz tego poglądu jest analiza przeglądów bliskich śmierci (NDE), w których ludzie rejestrują doświadczenia wrażeń poza ciałem, wizji i spotkań ze zmarłymi bliskimi, podczas gdy ich ciała fizyczne tymczasowo nie funkcjonują. Podczas gdy te badania są często interpretowane przez niektórych jako dowód na życie pozagrobowe lub kontynuację rozpoznania, neuronaukowe powody sugerują, że NDE mogą być spowodowane neurochemicznymi zmianami w umyśle w trakcie intensywnego stresu fizjologicznego lub utraty tlenu.

W tym kontekście neurobiolodzy tacy jak Sam Harris argumentowali, że koncentracja jest całkowicie zależna od biologicznych funkcji mózgu. Dla Harrisa koncepcja istnienia po śmierci lub wiecznej świadomości jest raczej pocieszającą iluzją niż naukowo potwierdzoną rzeczywistością. Wskazuje on na brak dowodów empirycznych na jakąkolwiek formę uwagi wykraczającą poza utratę życia i twierdzi, że główną przyczyną uwagi jest to, że jest ona sfabrykowana z cielesnych metod w umyśle.

Co więcej, obecne badania nad neuronalnymi korelatami skupienia — unikalnymi systemami i sieciami mózgowymi związanymi ze świadomym rozkoszowaniem się — wspierają pogląd, że poznanie jest głęboko związane z zainteresowaniem mózgu. Na przykład skany MRI udowodniły, że po aktywacji unikalnych obszarów mózgu jednostki doświadczają pozytywnych stanów świadomości, w tym podejmowania decyzji, percepcji wzrokowej lub reakcji emocjonalnych. W rezultacie, gdyby umysł miał przestać funkcjonować, wydaje się mało prawdopodobne, aby jakakolwiek forma rozpoznania chciała przetrwać.

Podczas gdy wiele poglądów filozoficznych i naukowych popiera pogląd, że świadomość może być związana z biologicznym mózgiem, a w konsekwencji problemem śmiertelności, sektor transhumanizmu daje ścieżkę bliższą wiecznej świadomości poprzez ulepszenia technologiczne. Transhumaniści wyobrażają sobie przeznaczenie, w którym istoty ludzkie mogą bezterminowo wydłużać swoje życie poprzez łączenie się z pokoleniem lub poprzez przenoszenie swojej uwagi do formatu cyfrowego.

Pomysł przesyłania myśli lub importowania świadomości do laptopa zyskał ogromną popularność w ostatnich latach, a niektórzy futurolodzy twierdzą, że możliwe jest zachowanie świadomości po zaniku fizycznej formy. Ray Kurzweil, jeden z czołowych zwolenników osobliwości i importowania umysłu, sugeruje, że postęp w dziedzinie sztucznej inteligencji i interfejsów mózg- laptop ostatecznie pozwoli ludziom dodawać swoje umysły do środowisk wirtualnych, co pozwoli im na osiągnięcie wirtualnej nieśmiertelności.

Jednakże ta idea podnosi głębokie pytania filozoficzne. Gdyby świadomość osoby miała zostać przesłana bezpośrednio do maszyny, czy nadal byłaby tą samą osobą, czy też mogłaby stać się zupełnie nowym bytem z tymi samymi wspomnieniami i umysłem, ale o odrębnej formie? Czy kontynuacja myśli w cyfrowej sferze jest po prostu formą nieśmiertelności, czy też wyraźnie stanowiłaby nadejście wirtualnej reprodukcji? Te pytania podejmują nasze informacje o identyfikacji i sposobie bycia świadomym.

Ponadto krytycy ruchu transhumanistycznego twierdzą, że sama natura rozpoznawania może być zasadniczo niezgodna z wirtualnym stylem życia. John Searle i inni krytycy twierdzą, że skupienie jest jakościowe, subiektywne i ucieleśnione, co oznacza, że jest ono głęboko związane z ludzkim mózgiem i ciałem. Dla tych krytyków, nawet jeśli możemy chcieć odtworzyć strukturę umysłu w komputerze, być może nie będziemy już w stanie odtworzyć jakościowego doświadczenia rozpoznawania, które, jak twierdzą, jest czymś unikalnym dla istot biologicznych.

Możliwość wiecznego skupienia pozostaje jednym z najbardziej nieuchwytnych i ekscytujących pytań w każdej filozofii i technologicznej wiedzy. Podczas gdy tradycje filozoficzne od Platona do nowoczesnych dualistów opowiadają się za tym, że świadomość może również przekraczać śmierć, medyczny konsensus — głównie ze społeczności neurobiologów — wskazuje, że skupienie jest wytworem mózgu i w związku z tym nie może trwać w obliczu śmierci ciała.

Z drugiej strony, pojawiające się technologie, takie jak importowanie myśli, zapewniają technologiczną ścieżkę do osiągnięcia nieśmiertelności, chociaż te myśli zwiększają liczbę pytań, na które odpowiadają. To, czy koncentracja może być naprawdę wieczna, może ostatecznie zależeć od natury samej świadomości — tajemnicy, która wciąż nie daje jednoznacznych odpowiedzi.

Na razie kontrowersja pozostaje otwarta, a każda z perspektyw filozoficznych i medycznych przyczynia się do szerszego zrozumienia miejsca świadomości we wszechświecie i tego, czy może ona rzeczywiście istnieć poza ograniczeniami czasu i istnienia cielesnego.